JEAN AICARD

MIETTE ET NORÉ

PARIS
G. CHARPENTIER, ÉDITEUR
13, RUE DE GRENELLE-SAINT-GERMAIN, 13
1880

MIETTE ET NORÉ

IL A ÉTÉ TIRÉ

Cinquante exemplaires numérotés sur papier de Hollande.

Prix : 7 francs.

DU MÊME AUTEUR

POÈMES DE PROVENCE

1 vol. Charpentier

3ᵉ ÉDITION AUGMENTÉE

LA CHANSON DE L'ENFANT

3ᵉ ÉDITION (ÉPUISÉE)

Paris. — Impr. E. CAPIOMONT et V. RENAULT, rue des Poitevins, 6.

JEAN AICARD

MIETTE ET NORÉ

PARIS

G. CHARPENTIER, ÉDITEUR

13, RUE DE GRENELLE-SAINT-GERMAIN, 13

1880

Tous droits réservés.

DÉDICACE

—

A PARIS

A PARIS

Dès le seuil, — avant tout, — j'évoquerai la gloire,
Paris ! ville éternelle au front ceint de rayons,
Que dans l'honneur et dans la peine — nous voyons,
Éclatante, créer des beautés à l'Histoire !

Ton gaz, la nuit, pâlit sur ta tête les cieux ;
Ton rêve a des éclairs de phares et d'étoiles,
Et les esprits du monde entier, comme des voiles,
Flotte d'or, — vont à toi comme au port merveilleux.

Immortelle au grand sein, tu nourris la Chimère!
Tout homme qui se sent un cerveau — court vers toi;
L'adolescent te cherche et t'aime, et c'est pourquoi
L'avenir est en toi comme l'œuf dans la mère.

La patrie au vieux sang gaulois, grec et latin,
Ses provinces, ses mœurs, ses races, sa fortune,
Tu les portes en toi; par toi la France est une,
Paris! et tu la tiens liée à ton destin.

O tête! tout le corps frémit en chaque fibre,
Et tressaille et se meut à ton commandement;
Tout ce vieux peuple est gai si tu ris seulement;
Il souffre par tes maux; libre, tu l'as fait libre.

O synthèse, ô cerveau, Paris! — Entre tes murs
Se viennent assembler les provinces unies,
Leurs vœux et leurs travaux, leurs forces,— leurs génies,
Et tu mets le rayon sacré sur les obscurs.

L'autel de la patrie, ô Cité, c'est toi-même.
Les Fédérations n'ont-elles pas un jour
Voué sur tes degrés, parmi les cris d'amour,
Les clans provinciaux à la France suprême?

Bretagne et Languedoc s'aimèrent dans tes lois ;
Toulouse descendit pour toi du Capitole ;
Devant toi, tout orgueil provincial s'immole,
Et, toute dans Paris, la France parle aux rois.

Eh bien, comme on présente à ces rois, dans leurs villes,
Un symbole d'amour fidèle : les clefs d'or,
Je t'apporte, ô Paris, — œuvre nouvelle encor,
Ce livre, un gage sûr des concordes civiles.

Nos patois provençaux me charment ; je les sais ;
Mais je voudrais, — et nul encor ne m'y devance, —
Fondre les paillons d'or du parler de Provence,
Pour les mettre au trésor du langage français.

Et je chante, — et la voix des choses m'accompagne, —
Terre et ciel, — ciel et mer, azur plein de baisers ;
Je chante avec des mots du terroir, — francisés.
Ainsi parlent déjà nos hommes de campagne.

Comme ce grès qui fut notre ville des Baux,
Foi, légende et patois s'effritent miette à miette,
J'ai donc mis le français aux lèvres de Miette,
Et j'ai planté l'esprit nouveau — sur les tombeaux.

A la Suisse neigeuse, à la verte Hollande,
Si j'ai porté déjà, vrai fils des troubadours,
Nos vieux chants provençaux, compris partout, toujours,
C'est que je les ai dits dans ta langue, la grande.

... Quand mourut Charles III, qui vint après René,
Son testament donna la Provence à la France,
Mais notre esprit chantant, du Var à la Durance,
Quand parla-t-il ta langue? et qui te l'a donné?

J'ai traduit en français cette âme provençale,
L'âme de nos patois, — morts qu'on aime toujours, —
Et c'est le testament des anciens troubadours
Que je mets à tes pieds, ô notre Capitale.

MIETTE ET NORÉ

INVOCATION

INVOCATION

« Si je te connais bien, Provence, et si je t'aime,
  Tombe vivante des aïeux,
Dicte-moi des vers forts comme tes rochers même,
  Et, comme ton ciel, purs et bleus.

« Inspire-moi l'élan des hautes vagues claires
  Battant la terre à temps égaux,
Et la simplicité de tes chants populaires
  Où sonne l'âme des échos.

« Je n'écoute que toi. Sois ma muse, toi seule ;
  Souffle-moi ton âme et mes vers,
Nourrice aux flancs dorés, jeune et puissante aïeule,
  Terre des myrtes toujours verts.

« Tout ce qui n'est pas toi, tes flots, ta plage amère,
  Efface-le de mon esprit...
Je veux être un enfant qui répète à sa mère
  Les plus beaux chants qu'il en apprit ! »

... Et sortant aussitôt des projets et du rêve,
  J'ouvris ma croisée au levant,
Puis celle du mistral, puis celle de la grève,
  Mes quatre fenêtres au vent :

« Entre, Soleil ! — Toi, Vent, souffle, murmure et crie ;
  Viens-moi du Sud comme du Nord !
Apporte-moi vivant l'esprit de la patrie,
  Et la poussière de la mort !

« Apporte-moi le bruit des eaux creusant les roches,
L'adieu des vaisseaux inclinés,
L'appel des laboureurs, le son perdu des cloches,
Le cri nouveau des derniers nés !

« Entre, et m'apporte, ô Vent, par mes vitres ouvertes,
Tous les bruits et toutes les voix,
Cependant qu'au travers des hautes branches vertes
Je chanterai ce que je vois. »

PREMIÈRE PARTIE

CHANT Ier

LE BATTOIR

PRÉLUDE

LES RUISSEAUX

LES RUISSEAUX

PRÉLUDE

A côté de tous nos ruisseaux,
* Le Rhône a l'air d'un père ;*
Pour la force et l'élan des eaux,
* La Durance est la mère.*

Tous ils portent, verts sur le bord,
* Près du myrte — l'yeuse,*
Le peuplier, le bois du Nord,
* Qu'appelle l'eau joyeuse.*

Pendant l'hiver ils sont torrents ;
  Au printemps, fournis d'herbe ;
En automne, encor murmurants ;
  L'été — secs comme gerbe !

Pourtant, lorsque sous un ciel d'or
  La plaine est jaune et dure,
Même taris, ils sont encor
  Des torrents de verdure.

Peut-être l'un d'eux, s'étalant
  Tout en pierre éclatante,
Montre son lit nu — mais si blanc
  Que l'âme en est contente !

Et torrents, ruisseaux, ruisselets,
  Ils ont tous un nom tendre...
Les jolis noms ! écoutez-les :
  L'Argens, la Douce et l'Endre.

L'Argens reluit comme le ciel ;
  L'Endre est douce aux oreilles ;
Nous avons le Ruisseau de Miel,
  Et le Riaù des Abeilles.

Mais on donne à beaucoup d'entr'eux
 Un nom cher au jeune homme :
La Rivière des Amoureux,
 Voilà comme on les nomme !

C'est que, le printemps et l'été,
 Quand l'oiseau s'amourache,
Leur lit plein d'ombre est fréquenté
 Par l'amour qui se cache.

CHANT Ier

LE BATTOIR

Flic, floc ! c'est le battoir, floc, sur le linge blanc
Que frappe aussi l'éclat du soleil aveuglant ;
Floc, l'écume jaillit et vogue à la dérive
Par gros flocons, sur l'eau peu profonde mais vive ;
Floc, elle y tombe en pluie, en étincelles d'or,
Flic, et l'eau qu'elle ride en est plus gaie encor.
Ainsi quand vous riez, ô jeunesses coquettes,
Votre joue aussitôt se plisse de fossettes,

Et vous le savez bien, et vous riez souvent!
Ainsi fait en avril l'eau pure sous le vent,
Ainsi fait la rivière autour de la laveuse.
Flic, floc! le linge blanc se soulève et se creuse,
Car le battoir l'abat dès que l'air l'a gonflé...
Il devient comme neuf le linge — qu'a filé,
Tous les soirs, en chantant, durant sa vie entière,
Mère-grand, aujourd'hui couchée au cimetière...
Flic et floc! c'est qu'on veut le dimanche être beau
Et propre! et qu'y faut-il? un peu de peine et d'eau.
Le meilleur travailleur, pardi, pense au dimanche!
Flic, floc! l'arbre verdoie et l'aubépine est blanche;
C'est le beau temps des nids, c'est le mois des amours,
Flic, floc! l'herbe d'amour reverdira toujours.
Floc, vient un rossignol se poser sur la rive,
Cherchant pour ses petits un peu de bonne eau vive,
Et de sa queue en bas et de sa queue en l'air,
Imitant le battoir, il reste là tout fier.
La laveuse le voit et pense qu'il se moque;
C'est qu'il lui dit, avec son grand œil équivoque :
« Flic et floc, c'est le temps d'aimer; à quand ton tour? »
Le rossignol sait tout, dès qu'il s'agit d'amour!

Il sait même le nom de celui qu'on préfère...
Aimer bien, bien chanter, c'est tout ce qu'il sait faire...
Avec sa queue il sait encor — flic, il faut voir ! —
Pour railler la laveuse imiter le battoir !
Flic, floc ! Elle a quinze ans... Le rossignol s'esquive...
C'est qu'il a vu venir quelqu'un sur l'autre rive.
Flic, floc ! Les yeux baissés, petite, tu le vois,
Ce passant ! — C'est Noré, qui chante à demi-voix :

« Au mois de rose éclose,
Passant par le sentier
Tout vert, tout rose,
Au mois de rose éclose,
Vis fleurir l'églantier.

« Je ne vis pas l'abeille,
Qui vint là pour son miel...
Méchante abeille !
Elle y dormait ; s'éveille ;
M'a fait un mal mortel !

« Je ne vis pas l'épine,
Qui se cachait par là...
Mauvaise épine !
Je cueillis l'églantine :
Mon sang rouge coula.

*

« Je ne vis pas la toile...
L'aragne m'a guetté.
Maudite toile !
C'était comme une étoile,
Où mon cœur est resté.

« Au mois de rose éclose,
J'ai pleuré tout un jour.
Maudite soit la rose,
Mais béni soit l'amour ! »

Il marche, fouettant l'herbe avec une baguette.
Sans doute il va passer sans avoir vu Miette ?
Mais floc, floc ! le battoir, — qui me dira pourquoi ? —
Se fâche et bat plus fort... « Tiens, Miette, c'est toi ? »

Fait le gars s'arrêtant sur la berge opposée.

Mais le battoir est sourd ; toute fille est rusée ;

Le linge claque ! l'eau bourdonne ! à quatre pas,

Sous ces arbres qui font ramage, on n'entend pas !

Et la belle laveuse, à son linge attentive,

Rattrape un mouchoir blanc — qui part à la dérive...

Oh ! ce n'est pas d'ailleurs qu'on soit coquette, non ;

Mais Honoré, — Noré, — c'est là son petit nom —

Est un gars trop cossu pour une pauvre fille,

Flic, floc, oh ! beaucoup trop ! Que dirait la famille ?

Et c'est pourquoi, battoir en main, et cœur battant,

Elle le suit des yeux, — sans les lever pourtant !

« ... Et alors ? c'est ainsi, dit-il, qu'on fait la fière ?

Tu m'entends. Ce n'est pas le bruit de la rivière

Qui t'en empêcherait lorsqu'elle a si peu d'eau !...

Ah ! cet hiver fut sec ; le blé ne vient pas beau.

Il te faut une goutte à toi, pour ta lessive...

Que te voilà jolie, à genoux sur la rive !

Et que tu te plairais si tu pouvais te voir !

Avance un peu sur l'eau pour t'en faire un miroir,

Et laisse reposer ton battoir qui la trouble.

J'aurai tant de plaisir, si-belle, à te voir double!...
Laisse là ton battoir, te dis-je, il m'étourdit!... »

Et comme elle est muette à tout ce qu'il lui dit :

« Si tu ne le crois pas que tu me plais, petite,
C'est que tu ne sais pas toi-même ton mérite,
Et que moi, pour ma part, je ne m'explique pas.
Regarde-toi dans l'eau, va, tu me comprendras!
Comment tu fais la sourde?... ah! coquine, ah! mauvaise!
Que faut-il faire,— allons, voyons,— pour qu'on te plaise?
Si tu ne le crois pas que je t'aime, tant pis :
Je suis trop malheureux... mais quel est l'autre, dis? »

Le battoir seul répond, luisant d'eau qui dégoutte,
Flic, flic, répond bien bas — pour que la fille écoute ;
Flic, la fille se tait, mais le battoir répond,
Flic, flic, et le ruisseau moins troublé, peu profond,
Réfléchit le portrait de la belle laveuse
Sur un rideau d'azur et de branches d'yeuse
Dans lesquelles, en bien cherchant, l'on pourrait voir
Le rossignol, toujours imitant le battoir !

Et le galant poursuit sa prière plaintive.

— La cigale charmée au sifflet se captive,

Les cailles aux appeaux, la mouche d'or au miel,

A l'eau le papillon s'il la prend pour le ciel,

Les filles à l'amour quand la parole est douce !

Et celle du galant qui craint qu'on le repousse

Sait se faire dorée et s'emmieller à point,

Et la voix de Noré qui ne se lasse point, —

Ni trop haut, ni trop bas, — sonne bien à l'oreille,

Claire à travers cent bruits qui sont fredons d'abeille,

Susurrement de l'eau, des arbres tour à tour,

Long murmure de tout, qui conseille l'amour !

Et voici quel adieu, de l'une à l'autre rive,

Par-dessus l'eau, qui rend la voix persuasive,

Vient toucher l'amoureuse au fin fond de son cœur,

Tandis que chante aussi le rossignol moqueur :

« Lève les yeux, au moins ! car je veux que tu voies

Ce grand foulard soyeux, le plus beau prix des Joies,

Que j'ai gagné, regarde, aux courses l'an passé...

Je tombai de cheval au but ; je fus blessé ;

Mais je conquis le prix sur la jument du comte.
Pierre qui la montait en a pleuré de honte,
Et si j'ai de bons yeux c'est lui que tu voudrais !
Pardi ! tu peux changer de galant sans regrets...
Vois-le, mon beau foulard ; j'y tiens, tu peux me croire ;
Ma mère l'a, tout l'an, conservé dans l'armoire ;
Je l'ai pris ce matin pour toi ; j'y tiens beaucoup :
Prends-le ; si je le vois le dimanche à ton cou,
Miette, gentiment croisé sur ta poitrine,
Et d'un beau nœud bien fait serrant ta taille fine
Comme je voudrais, moi, faire avec mes deux bras,
Ce sera donc qu'alors je ne te déplais pas ! »

Il dit, et le foulard qu'il pose sur des branches,
Dans les verts aubépins fleuris d'étoiles blanches,
Drapeau d'amour, pourpré comme un coquelicot,
Flotte.

  « Viens le chercher ! » dit le gars.

         Point d'écho.
Flic, floc ! c'est le battoir, mais pas d'autre réponse.
Le gars s'éloigne, et sous les hauts buissons s'enfonce,
Par de petits sentiers qui vont je ne sais où,

Et dans lesquels on a l'herbe jusqu'au genou.
Il disparaît bientôt, car l'eau fait l'herbe épaisse
Et touffus arbrisseaux, buissons de toute espèce,
D'où—comme un voile—monte, attachée aux ormeaux,
La liane en longs jets repleuvant sur les eaux.

Flic, le battoir est lent ; et floc, il va se taire ;
Flic, il est loin, Noré. La rive est solitaire.
Mais s'il s'était caché? Mion ne le croit pas.
N'est-ce pas lui, tenez, qui disparaît là-bas ?
Elle a vu remuer la branche à son passage,
Près du pont. Il est loin. Il va vers le village.
Flouc! le battoir jeté sur le linge, est muet...
« Ma mère ! — Il m'a semblé tout près qu'on remuait? »
Non, ce n'est rien. Alors, bien seule, — elle en est sûre,—
La fille en jupons courts fait sauter sa chaussure.
Souliers et bas ôtés, la voici les pieds nus,
Ses jupons retroussés à deux mains retenus,
Et le regard fixé sur le foulard qui flotte.
Un coup d'œil aux entours, le dernier... L'eau clapote ;
L'eau rit en cercles d'or et fait un bruit charmant ;
Jamais eau n'a chanté ni couru plus gaîment ;

Elle s'enroule aux pieds de la fille amoureuse,
Y monte, et sur son lit sonnant de roche creuse
Où mille cailloux vifs luisent comme des yeux
S'écarte à chaque pas par bonds capricieux !...
De l'eau sur les orteils et puis sur la cheville,
Au milieu du ruisseau que penserait la fille,
Baignant jusqu'à mi-jambe, et dans tout l'embarras
Où ses jupons flottants retiennent ses deux bras,
Si — détournée un peu du foulard qui palpite —
Elle voyait, — aï ! aï ! — sur le bord qu'elle quitte,
Entre d'épais rameaux écartés pour mieux voir,
Deux yeux noyés de trouble, étincelants d'espoir !

Mais ne les voyant pas, elle se préoccupe —
Seulement — de ne pas mouiller trop haut sa jupe,
Pour n'être pas grondée à la maison, ce soir.
Elle avance, tranquille... Et qu'elle est belle à voir !
Que sa jambe est bien faite, et lisse sa peau fraîche,
Duvetée, et pareille en couleurs à la pêche !
Voici la rive atteinte, et le foulard est pris,
Quand tout à coup... quel rire éclatant et quels cris !
« Ah ! ah ! » elle a jeté le beau foulard de soie...

« Ah ! ah ! » ce sont des cris et des rires de joie...
C'est Noré qui franchit le ruisselet d'un bond !
Elle court ! il la suit sous le taillis profond...

« Ne cours pas ! tu mettras le pied sur quelque épine !
Vas-tu fuir, déchaussée ?... Ah ! je te tiens, — coquine ! »
— « Ma mère ! » Il est déjà trop tard pour refuser,
Et quand elle a senti sa joue et son baiser :
« De sûr, de sûr, dit-elle à lèvres demi-closes,
De sûr tu me plais bien, Noré ; mais que tu l'oses,
Que tu sois revenu, voleur, en te cachant,
Je n'aurais jamais cru cela de toi, méchant ! »

PREMIÈRE PARTIE

CHANT II
LA SORCIÈRE

PRÉLUDE
L'ENSORCELÉE

L'ENSORCELÉE

PRÉLUDE

C'est une histoire vieille, vieille,
Vieille comme l'amour.
O les filles! prêtez l'oreille
A l'histoire d'amour.

Il était une demoiselle
La taille faite au tour,
Beau visage, enfin toute belle
A sembler faite au tour!

Passe un garçon qui la regarde,
Aussi beau que le jour...
« Le gueux, dit-elle, — prenons garde ! —
Est plus beau que le jour ! »

Tous aimaient cette beauté fraîche ;
Lui, qui l'aime à son tour,
S'approche, parle et si bien prêche
Qu'elle l'aime à son tour.

Il lui dit : « Si j'avais un trône,
Si j'avais une cour,
Vous vêtirais de bel or jaune ;
Seriez reine à ma cour ! »

C'était un joli bavardage
Pour faire un vilain tour !
Ne la prit pas en mariage ;
Lui fit ce joli tour !

Neuf mois passés, pleurait la belle
En criant au secours.
Elle était mère et demoiselle,
La pauvre, et sans secours !

Le curé contre la maudite
    Fit en chaire un discours.
La pauvre dut se mettre en fuite,
    A cause des discours.

Et dans les bois se fit sorcière,
    Se damna pour toujours;
Au diable elle a fait sa prière :
    Il la tient pour toujours!

... Songe, si tu te sens, ma fille,
    Le désir de l'amour,
Que le diable, quand il s'habille,
    Prend l'habit de l'amour!

CHANT II

LA SORCIÈRE

Elle était là tantôt dans l'herbe agenouillée.
La berge solitaire et plus qu'ailleurs mouillée
Est rendue à présent au rossignol joyeux.
Le coquin ! s'il sait tout, c'est qu'il a de bons yeux ;
C'est qu'il est curieux et hardi comme un page,
Enfin, qu'il veut tout voir de près, non sans courage,
(Aussi le prend-on vite au piège, le nigaud !)
Or, à la place juste où Miette tantôt

Sur la rive, à genoux, battait si bien son linge,
Que fait-il, sautillant et malin comme un singe,
Tournant de ci, de là, sa tête et son œil noir?
Elle aura, l'étourdie, oublié son battoir!
Juste!

       Ah! bon serviteur de l'ingrate laveuse,
Après avoir servi l'amour de l'amoureuse,
Il est là sur le flanc, au pied d'un haut chardon,
Avec cet air piteux que nous fait l'abandon.
Ce que c'est que de nous! quelle chance est la nôtre!
Quel heureux ne fait pas l'infortune d'un autre!
Ainsi sans doute en lui pense le rossignol,
Qui s'approche et qui,— puis,— d'un dernier petit vol,
Saute sur le battoir, et là, haut sur ses pattes,
Maudit à plein gosier l'amour et les ingrates.

Il se fait sur la rive un bruit qui n'est pas loin.
Ah! tu le paîras cher, Mion, ton peu de soin,
Car c'est Finon qui vient, cette vieille sorcière.
Finon sait les secrets de toute la rivière.
L'oiseau la connaît bien. Le laid, le bon crapaud,
Quand il l'entend marcher ne saute pas à l'eau;

Et le rat d'eau non plus, qui même se hasarde
Hors de son trou dès qu'elle approche, et le regarde;
Quant au lézard, il vient à l'ordre de Finon.
Elle en a baptisé plus d'un, et, sur un nom
Qu'elle dit, on a vu des couleuvres se tordre
En colère et monter à son bras sans la mordre.
On dit qu'elle leur donne à boire un peu de lait.
Ce qu'elle fait, pour sûr, — la voleuse qu'elle est, —
C'est de parler aux chiens, à mi-voix, leur langage.
Elle jappe tout bas, ajoutant : Soyons sage !
Lorsque l'un d'eux chez lui la reçoit en grondant,
Et le chien se soumet, un croûton sous la dent,
Car la vieille Finon ne mange que la mie.
De toute belle fille elle semble ennemie ;
Elle sait le galant et le dit à qui veut.
On la hait, on la craint, mais qu'est-ce qu'on y peut ?
Un sort est tôt jeté ! c'est ce que l'on redoute ;
Aussi, dès qu'on la voit, du plus loin, sur sa route,
Pour conjurer le sort on garde d'oublier
De tourner à l'envers, vite, son tablier !

La masque, malgré tout, devine toute chose.

Malade, l'on s'adresse à Finon, quand on ose.
Elle coupe la fièvre ; et savez-vous comment?
Rien qu'avec son couteau, pardi, tout bonnement ;
Le malade fût-il à l'autre bout du monde,
La foi le sauvera, si Finon la seconde.
Elle s'en va la nuit, à minuit, dans un champ ;
Elle porte à la main son couteau bien tranchant ;
Elle erre quelque temps et parle au clair de lune,
Examine avec soin les plantes, court vers une,
Et la tranche d'un coup en faisant un grand cri...
S'il en coule du sang, le malade est guéri.

Quant aux coups de soleil, la chose est plus aisée :
Rien qu'avec de l'eau claire à la source puisée,
C'est fait. Elle choisit un grand verre au besoin,
Et le rayon qu'on a sous le front, comme un coin,
Vient se noyer au fond du verre, de lui-même,
Dès que Finon a dit votre nom de baptême.
Une entorse? elle en est maîtresse en vous tâtant ;
Une brûlure? on est guéri dans un instant ;
Et même on a surpris ces mots qu'elle murmure,
Quand son pouce vous fait la croix sur la brûlure :

Feu du ciel,

Perds ta chaleur,

Comme Judas

Perdit sa rougeur,

Dans le Jardin

Des Oliviers,

Quand il trahit

Notre-Seigneur!

Elle sait d'autres tours. Par exemple, à coup sûr
Éloigner les renards friands de raisin mûr.
Plus d'un s'est bien trouvé de ce qu'elle conseille;
Voici : Toute la nuit — pour Noël — le feu veille;
La bûche de Noël est un tronc d'olivier
Ou de chêne, à dessein conservé tout entier.
Le plus vieux ou le plus petit de la famille
A béni devant tous la bûche qui pétille;
Il a dit : « Sois béni; sers-nous toujours, ô feu;
Sois la vie et jamais la mort, flamme de Dieu. »
Quand la bûche a brûlé jusqu'au jour, il faut prendre
Ce qui reste du bois, serait-ce un peu de cendre,

Et le faire traîner aux bêtes de labour
Sur le champ fréquenté des renards, bien autour...
On n'en finirait pas de bavarder sur elle.

On dit que dans son temps elle fut grande et belle,
Mais sans savoir au juste : elle n'est pas d'ici.
Dans notre endroit, on l'a toujours connue ainsi,
Vieille, l'œil chassieux, le menton de galoche,
Une main au bâton, l'autre gonflant sa poche,
Vivant d'un fruit volé, d'un pain donné, de rien.
Maître Brun lui permet, tout au bout de son bien,
D'habiter le Campas : bastide démolie,
Si triste, avec son puits qui n'a plus de poulie,
Deux mûriers, deux figuiers, des fenouils à foison.
La vieille avec trois chats hante cette maison.
On prétend qu'elle fut jadis fille trompée.
Maintenant à tromper les autres occupée,
Elle dit qu'elle est sourde et qu'elle n'y voit pas,
Mais elle voit de loin ce que l'on dit tout bas!...

Le rossignol, — Finon l'entend! Elle s'arrête,
Le voit sur le battoir perché, hoche la tête,

Et reste là, — riant de son rire sans dents.
Ah! ces jeunes! ah, ah, ils ne sont pas prudents!
Finon a rencontré Noré près du village;
Il portait le plaisir écrit sur son visage,
Ah, ah! — et Finon rit, — et voit, sur l'autre bord,
L'herbe haute, où l'on a couru, couchée encor,
Et deux pieds différents marqués sur chaque berge,
Et l'un, le plus petit, semble nu, sainte Vierge!
L'oiseau sur le battoir chante, — et Finon sourit.
Ah! Pour tout deviner, que faut-il? de l'esprit!
Tout deviner? non pas! c'est « trop » qu'il faudrait dire,
Car la vieille sorcière avec son méchant rire,
(D'après un pas d'enfant sur l'herbe en fleurs laissé)
Devine... l'avenir, qu'elle ajoute au passé!
Oui, le baiser d'amour fut ardent, fut sauvage,
Oui, l'amoureuse en eut tout le sang au visage
Et se sentit troubler jusqu'au fond de son cœur,
Mais le diable a songé : le bon ange est vainqueur!

Le rossignol s'enfuit d'un coup d'aile...
                               Eh, la vieille,
La sourde! on a marché, car tu dresses l'oreille...

Le rossignol a fui... Quelqu'un vient donc par là,
Et c'est Miette. Hélas ! mon Dieu ! protégez-la.

—« Vous êtes vous, Finon ? » —« Et qui serais-je ? une autre !
J'ai trouvé ce battoir, Miette, c'est le vôtre,
Dit la vieille criant à la façon des sourds ;
Ah ! j'y vois mieux des fois que d'autres ; j'ai mes jours.
Il faut le dire aussi : j'ai buté du pied contre ! »
Mion ne le voit pas ; la vieille le lui montre :
— « Il est là, lui dit-elle, au pied du gros chardon. »
—« Aujourd'hui, pour le coup, oui, vous avez l'œil bon, »
Dit Miette, et tandis qu'ajoutant : « Merci, Fine, »
Elle s'en va, — la vieille a relevé l'échine,
La suit des yeux et part, disant : « Chacun son tour ! »

Et, seul, le rossignol éclate en cris d'amour.

PREMIÈRE PARTIE

CHANT III
PREMIER REGRET

PRÉLUDE
LES ORATOIRES

LES ORATOIRES

PRÉLUDE

On en voit au bord des sentiers
Qui montent roulés aux collines,
De ces niches dans des piliers
Portant des images divines.

Des saint Joseph tendant les mains,
Nous en avons sur les grand'routes
Et dans nos plus petits chemins,
Et nos montagnes en ont toutes.

Ce que l'on voit le plus souvent
Dans la niche close et profonde,
C'est la Vierge avec son Enfant,
Les pieds sur la boule du monde.

Des portes de fer grillagé
Ferment ces niches, et, derrière,
Le Saint, jadis bien arrangé,
Semble souffrir quoique de pierre.

Car ces hauts piliers, autrefois
Bien crépis et de bonne mine,
Sur les routes et dans les bois
Ont tous le même air de ruine.

Crevassés du haut jusqu'au bas,
Ils sont tristes à toucher l'âme ;
Souvent le Saint n'a plus de bras,
Ou l'Enfant manque à Notre-Dame.

Même celui du carrefour,
Près du village, est solitaire :
Le soleil le ronge le jour,
Le vent de nuit le met par terre.

Et j'en sais où, depuis dix ans,
Derrière la rouille des portes,
Je vois, sur des débris gisants,
Un bouquet d'immortelles mortes.

CHANT III

PREMIER REGRET

Miette, balançant son battoir qui dégoutte,
Par le chemin pierreux qui tombe à la grand' route
S'en va, l'esprit flottant, pensive, triste un peu.

Au sortir de la rive où vole l'oiseau bleu,
Le beau martin-pêcheur rasant l'eau dans sa fuite,
Au sortir des taillis qu'un rossignol habite,
Elle arrive, en laissant le mystère et la nuit,
Au chemin soleillé que tout le monde suit.

Blanche à crever les yeux, la poussière est profonde
A faire peur. On voit les pas de tout le monde
S'y mêler, s'y croiser, l'un l'autre s'effaçant,
Souliers ferrés, pieds nus, cent traces de passant
Qu'un jour le vent soulève ou qui deviendront boue,
Et dans ces rubans plats qu'a laissés chaque roue,
Dans ces chiffres qu'inscrit le fer rond des chevaux
Mille étoiles qui sont de petits pas d'oiseaux.

Miette voit cela, seule sur la grand'route,
Et c'est le grand chemin qui, — sans qu'elle s'en doute, —
Le premier lui fait peur, hélas! c'est le grand jour!
Le monde, — ici, — déjà lui fait craindre l'amour.

Ah! les jolis sentiers qui courent sur les berges
Conseillent autrement le cœur des jeunes vierges!
Ils disent qu'ils sont peu battus et qu'ils sont frais,
Entourés de buissons postés là tout exprès
Pour faire à l'amoureuse avec des fleurs un voile;
Ils disent qu'en tissant au beau milieu sa toile
L'araignée y contraint les amants aux détours;
Ils disent, les sentiers, qu'ils sont discrets toujours...

C'est en quoi nous savons qu'ils se vantent, les traîtres !

Ils assurent que les oiseaux, leurs seuls vrais maîtres,

Y font des nids cachés aux enfants curieux, —

Et ce que j'en redis, certe ils le disent mieux,

Ajoutant pour finir que la vie est une heure

Et qu'il faut se hâter d'aimer avant qu'on meure...

Fiez-vous aux sentiers du diable et de l'amour

Et vous oublirez tout... mais gare le retour !

C'est déjà le moment de rentrer au village.

Midi s'avance. Il faut se prêter au ménage ;

Il faut aider la mère ; il faut rentrer, mon Dieu !

Elle chemine donc pensive, triste un peu.

Ah ! comme elle voudrait passer cette journée

Sur l'herbe toute en fleurs que leurs pas ont fanée,

Seule, loin des regards, — et ne rentrer qu'au soir.

L'amour est dans ses yeux ; sa mère va le voir !

Le père est si brutal ! — Il boit. — Dans sa colère,

S'il la croyait en faute, il la tûrait ! — Le père

Est cantonnier. Voici, par monceaux anguleux,

Aux deux bords du chemin, les cailloux gris et bleus

Qu'il casse et qu'il étale ensuite sur la route.

5.

Où donc est-il, le père ? Il est rentré sans doute,
Mais non, ce n'est pas l'heure ; il est au cabaret.
Tant mieux ; s'il était là, le brutal, il crîrait.

Et voici, deux sur les côtés, un en arrière,
Les Trois Pins, abritant le haut pilier de pierre
Dont la niche est grillée, où tenant son enfant
On voit la *Bonne Mère* écraser le serpent.
Le gros pilier carré qui, tout crevassé, penche,
Tomberait sans l'appui de cette grosse branche ;
Mais par miracle il tient, fendu de toutes parts,
Et les trous qu'on y voit sont des nids de lézards.
Un bouquet roussi meurt au dedans de la grille.

Et c'est ici qu'elle a laissé, la pauvre fille,
En paquet bien noué son linge d'eau pesant,
Pour son battoir perdu, — déjà sec à présent.
C'est là que maintenant l'amoureuse s'arrête
Avec mille soucis qui lui brouillent la tête.

Elle s'assied devant la Vierge, et n'osant pas
Se mettre à deux genoux ni lui tendre les bras,

Pense : « Je dois prier !... » car, — elle se l'avoue, —
Le baiser du garçon brûle encore à sa joue,
Et pour tant éprouver de trouble et de souci,
Pour être au fond de soi bouleversée ainsi,
Pour sentir un remords dans sa pensée honnête,
Et pour ne plus savoir ce que devient sa tête,
Il faut bien, — tout à coup Miette le comprend ! —
Qu'elle ait l'amour au cœur... oui l'amour ! et le grand !

En le reconnaissant, pourtant sans le connaître,
Cet amour dont on dit que personne n'est maître,
De la peur qu'elle en a son sang ne fait qu'un tour.
« Bonne mère du ciel ! aï ! c'est lui ! c'est l'amour !
Jusqu'ici, pauvre moi, je n'y voulais pas croire !
Voici longtemps, — j'en ai maintenant la mémoire, —
Qu'il me tient ! c'est bien lui. Tantôt, quand le garçon
A passé sur la rive en sonnant sa chanson,
Qu'ai-je senti dans moi, de gai comme la source,
Vif comme l'eau que suit l'hirondelle à la course,
Et tendre en même temps et doux comme un parfum ?
C'était l'amour ! — Amour et malheur ne font qu'un ! —
Hélas ! et quand Noré courant m'a poursuivie,

Je ne l'oublîrai plus tout le long de ma vie,
Quand je vivrais cent ans, le plaisir que j'avais !
Si bon, qu'il m'a semblé d'abord que je rêvais !
Et comme il est fier, lui, ce Noré, grand de taille,
Large d'épaules, beau, fort comme un qui travaille !
Ses cheveux sont d'un noir brûlé, comme ses yeux ;
Son teint roux et ses dents si blanches ! — Nul n'est mieux ;
Sa barbe pointe à peine. Il est brave, et plus d'une,
Toutes voudraient l'avoir, certe, — aussi sa fortune !
Car il est riche ; il a de la terre, un grand bien,
Et peut marcher un temps sans aller hors du sien.
Son père l'a gagné, le bien, — colline et plaine !
Et quoique riche, il est brave et rude à la peine,
Ce Noré ! — Trouvez-en un plus vif, plus adroit !
Voulez-vous une preuve où son talent se voit ?
S'il faut tracer en plaine une première raie,
Un peu longue, plus d'un hésite et s'en effraie,
Et s'adresse à Noré qui, la charrue en main,
Trace droit, sans chercher, comme on suit un chemin !
C'est orgueil de talent, goût de rendre service...
Mais on le dit léger ? — jeunesse n'est pas vice !
... Et pour tenir le van, sur l'aire, au plein soleil,

Tout un jour, c'est connu qu'il n'a pas son pareil !

Il le berce avec grâce, et fait, d'une main sûre,

Chanter dedans — le grain qui tournoie en mesure.

Il est aussi toucheur adroit de tambourin,

Beau chasseur !... » Et Mion pèse ainsi son chagrin,

Et, songeant qu'elle est pauvre : « Aï ! aï ! Sainte madone,

Bonne mère, qui tiens l'Enfant au bras, pardonne !

J'aime déjà Noré !... Comment faire, aï ! hélas !

Sauve-moi, toi qui tiens, mère, l'Enfant au bras ! »

Ainsi Miette prie au dedans d'elle-même.

Il fera son malheur, et pourtant elle l'aime !

Le voilà, son péché ! c'est d'aimer ce garçon,

Car être un jour sa femme et soigner sa maison,

Quel rêve ! pour y croire il faudrait être folle.

A-t-il dit là-dessus une seule parole ?

Pas une ! et cependant, qui sait ? il faudra voir.

Il y songe peut-être !... On ne vit que d'espoir.

Miette de nouveau pense à sa mère, au père ;

Puis, encore à l'amour ; alors se désespère

Et prie, et puis revient par l'espoir à l'amour,

Prête à sourire et prête à pleurer tour à tour.

Et le chagrin peut-être emporte la balance,

Quand Miette, cherchant un mouchoir en silence

Pour essuyer ses yeux où les pleurs ont germé,

Revoit le foulard rouge, — et rit au bien-aimé !...

La soie en est bien souple et la couleur bien belle

Vraiment ! Et ce Noré qui s'en prive pour elle !

Il faut aimer, voyons, pour donner de bon cœur

Ce grand foulard soyeux, marque qu'on fut vainqueur !

... Elle le portera le dimanche à l'Église,

Sûrement ! et plus d'une, au moins, sera surprise !

On fera des jaloux ! tant pis ! on verra bien !

Et Miette déjà ne regrette plus rien !

Ce cadeau lui plaît tant, l'enfant, qu'elle s'oublie,

Sur ses genoux étend la soie et la replie,

Puis, le front dans sa main, sans bouger, rêve au jour

Où ce beau prix valut à Noré son amour.

Et Notre-Dame, aux pieds de qui tantôt Miette

Est venue apporter sa prière inquiète,

Voit l'amour qui grandit occuper tout son cœur

Au souvenir du jour où Noré fut vainqueur.

PREMIÈRE PARTIE

CHANT IV
LA SAINT-ÉLOY

PRÉLUDE
LE TAMBOURIN

LE TAMBOURIN

PRÉLUDE

*Celui qui fit le tambourin
Avait écouté les abeilles,
Et les voix du vent dans un pin
   Au bruit des flots pareilles.*

*Celui qui fit le galoubet
Avait écouté l'alouette,
Quand à l'aurore elle jetait
   Sa voix perçante et nette.*

*De l'amandier creusé; trois trous
Dans une branchette odorante;
Deux doigts dessus, l'autre dessous
   On souffle, et le bois chante.*

*Le tambourin semble un tonneau
Très long et léger mais sans ventre;
Les fonds sont en peau de chevreau :
   Il faut taper au centre.*

*La peau d'en haut porte en travers
Une cordelette qui vibre,
Et le tambourin suit les airs...
   Le galoubet est libre.*

*Le tambourin se pend au bras,
Au bras gauche qui tient la flûte...
Bon toucheur, quand tu toucheras,
   Marque bien chaque chute.*

*Quand on est un toucheur adroit
Et qu'on sait souffler en mesure,
Celui qui vous écoute — croit
   Entendre la nature!*

CHANT IV

LA SAINT-ÉLOY

... Elle s'y voit encore; elle y est; c'est la fête.
Elle en repasse tous les détails dans sa tête :

Et la veille, dès l'aube, en poussant son volet,
Elle entendit au loin les cris du galoubet,
Le bruit du tambourin, qui semblent aux oreilles
Les cris vifs d'un enfant suivi par des abeilles.
Et par les sentiers verts qui sillonnent les biens
Elle vit arriver les deux musiciens :

Un autre, — et puis Noré. — Tistin portait les Joies :

Ce foulard en était !... L'argent, l'acier, les soies,

Montre, écharpes, luisaient suspendus au cerceau.

Mius avait le sac et Martin le drapeau,

Et fric ! le galoubet vous perçait les oreilles,

Et broum ! le tambourin imitait les abeilles.

Elle était donc à sa fenêtre, se levant,

Et la bande joyeuse allait passer devant,

Car c'est un cabanon que Mariette habite,

Pauvre et devant lequel on marche toujours vite

Puisqu'il est écarté du village, à cent pas,

Et quand c'est de l'argent qu'on cherche, il n'en a pas.

Mais Noré vit Miette et cria : « Camarade,

La fille est belle ! il faut donner pour rien l'aubade ! »

Et fric ! — son père était dehors au cabaret, —

Le galoubet, fric, fric, fit son cri guilleret,

Et broum ! — sa mère sort tous les jours à l'aurore, —

Le tambourin, broum, broum, fit son bourdon sonore.

Et bien qu'elle n'osât se pencher pour les voir,

Les deux flûteurs faisaient de leur mieux leur devoir

Et ne s'arrêtaient pas de taper en musique,

Et ce cri vif à qui le gros bourdon réplique
Miette en palpitait jusqu'au fond de son cœur!
Fric, fric, le galoubet quelquefois est vainqueur;
Broum, broum, et quelquefois le tambourin l'emporte;
Fric, broum, cela dura quelque temps de la sorte...
Des disputes d'amour, voilà vraiment quel bruit
Font tous ces tambourins... que la flûte conduit!

Quand ils eurent fini : — « Parais à ta fenêtre,
Petite! On ne vient pas pour te manger, peut-être! »
Mais elle ne dit mot et ne se montra pas.
— « C'est là notre paîment? fit une voix en bas;
Quoi! pas même un bonjour! Parais un peu la tête! »
Et comme elle se tut : « —C'est bon! on fait la bête?
Eh bien, voilà pour toi! » Noré, sur ce mot, prit,
Dans le sac de Mius, le plus gros pain bénit,
— De ceux qu'on donne, pour la Saint-Éloy, la veille,
Aux bêtes qui tout l'an s'en trouvent à merveille, —
Et, déposant le pain sur le seuil, — au milieu
Des rires de la bande, il dit : —« Tiens, mange! adieu! »

Et, tambourin grondant, les malins s'en allèrent.

C'était en juin, à l'heure où les vallons s'éclairent,
Et le cri des moineaux, dans l'air frais du matin,
Eut bientôt dominé le tambourin lointain.

Et qui mangea le pain? ce fut la chèvre blanche.
Et Miette, pardi, le lendemain dimanche,
Vite alla voir bénir les ânes, et surtout
Revoir ce fin moqueur qui lui plaisait beaucoup.

Pour qu'une fille y soit trompée et qu'elle en rie
Un malin fait parler l'amour en moquerie.

Et d'abord, au sortir de la messe, elle eut peur
Car elle ne vit plus qu'un seul tambourineur!
C'était l'autre! — Et Noré qu'a-t-il? est-il malade?
Et Miette cherchait le beau sonneur d'aubade
De tous ses yeux, parmi le village assemblé
Sur la place pour voir bénir le défilé.
Voici bien le meunier Toucas, du moulin d'huile,
Le charron, le boucher, chacun prenant la file

Sur sa bête parée et fleurie. A son rang,
Maître Laugier conduit ses chevaux en jurant,
Attelés comme s'ils étaient à la charrette :
Limonier, cavillier, — et l'ânon gris en tête.
Et le vieux Bonifay, sur son char à bancs vert,
Mène d'assis, — et sous son prélart entr'ouvert
On voit le groin d'un porc et le bec d'une poule !
Mais lui ne veut pas rire et regarde la foule...
Pas de Noré !

    Miette, en bien cherchant des yeux,
Voit qu'on la suit là-bas d'un regard curieux.
C'est Norine, Rosa, Claire, avec des ombrelles !
Patati, patata, de quoi bavardent-elles ?
Et va de rire ! — On rit de l'aubade d'hier,
Peut-être... Toutes trois la regardent d'un air !...
C'est qu'elles ont leur robe à la dernière mode,
Longue à traîner ! Eh bien, ce doit être commode !
Miette, elle, est toujours en simples jupons courts,
De cotonnade, à plis nombreux, rayés toujours
Blanc-bleu. Son casaquin à fleurs est d'indienne.
Oui, mais pour les porter mieux qu'elle, qu'on y vienne !
Les gros bas bleus qu'elle a tricotés de sa main

Montrent sa jambe, ferme et nerveuse en chemin,
Et dans son tablier bien serré sur la hanche
Elle a le beau fichu de mousseline blanche
Qui vient de sa grand'mère hélas ! et qu'avec soin
Elle arrange sur ses épaules au besoin.
Mais elle est tête nue ; à la main que tient-elle ?
Son grand chapeau de paille, aussi grand qu'une ombrelle.
... C'est sans doute de quoi ces trois filles là-bas
Se moquent. Cependant Noré n'arrive pas.

Tout à coup l'on entend une voix éclatante ;
C'est lui, Noré, portant le guidon qu'il *enchante :*
« Holà, oh ! Le guidon est à cent francs dix sous ! »
« Cent un, dit maître Brun. » « Cent un, dépêchons-nous... »
« Cent deux !... cent trois ! » Noré, fier sur sa jument rousse,
Qui porte un grand rideau jaune en façon de housse,
Passe, les pieds pendants, beau comme un colonel.
Il porte le guidon flottant avec lequel
On achète à *l'encan,* — pour la prochaine fête
Des animaux, le droit de marcher à leur tête !

« Cent neuf, ce n'est pas cher ! » « Cent dix ! » C'est marché fait.

L'église s'ouvre. Au seuil, le gros curé paraît...
Qu'il est beau, ce Noré, le premier de la bande!
La plus riche aujourd'hui rêve qu'il la demande...
Ah! Miette, et tu crois qu'il t'aime! tu le crois!
Il défile premier, fait un signe de croix,
Et salue au moment où sa bête est bénite,
Et pour le voir encor les filles, vite, vite,
Courent plus loin, au bout de la place, à grands pas,
Et se pressent, penchant la tête et jasant bas.

Et Miette? le gueux ne l'a pas reconnue!

Mais l'heure de la course est à la fin venue.
Le tambourin, s'il l'a laissé, c'est pour courir.
« Au Roucas Blanc! dit-on ; la course va s'ouvrir! »
La route suit la mer la longueur d'une lieue,
Là-bas. Chacun y court. — Comme la mer est bleue!
Et calme! C'est de l'huile. — On attend les coureurs.
Les ânes ont couru les premiers. Des moqueurs
Les faisaient arriver jusqu'au but en arrière!
Et l'ânesse du maire y parvint la première...

Miette voit la route et la mer, là devant.

Et tout à coup, hardi! ses noirs cheveux au vent,
Hardi! hardi! là-bas, au tournant de la route,
Sur sa fine jument qui vole et fume toute,
Pierre, valet du comte, apparaît, hardi! hop!
Noré suit, ventre à terre, à quadruple galop;
Hardi, hardi! l'on voit se pencher trois cents têtes,
Hardi! elles vont bien toutes deux les deux bêtes,
L'une fine, aux harnais tout reluisants d'acier,
L'autre pesante, mais nue et sans étrier!
Hardi, hop, les coureurs ont à faire une lieue...
On croit les voir voler au-dessus de l'eau bleue...
Pierre est premier, — le but est proche,... tout à coup
Noré l'a devancé d'une longueur de cou...
Hardi, hop, sous les yeux de Miette, hop, il touche!
Mais au milieu des cris sa jument s'effarouche,
Et Noré tombe au but!... aï! aï! Et chacun court...
Mais qui gagne le prix? — La bête de labour!

Fric, broum! les tambourins ont sonné la louange!
Quel est le prix? La montre? — Eh! non! — L'écharpe à frange

Eh non!—C'est ce foulard, flottant comme un drapeau!
Noré vainqueur l'a mis autour de son chapeau,
Et c'est celui que tient Miette, c'est le même!...

Finalement, il faut croire que Noré l'aime.

PREMIÈRE PARTIE

CHANT V
MAITRE PIERRE JACQUE ANDRÉ

PRÉLUDE
LES PAYSANS

LES PAYSANS

PRÉLUDE

Ingénieur ou militaire,
L'ensanglantant, la mesurant,
Tout homme en passant sur la terre
Veut en être le conquérant...
On ne l'a — qu'en la labourant!

Qu'un jour l'ingénieur s'arrête
De tracer des chemins de fer,
Et Jacque André qui n'est pas bête
Saura dire en hochant la tête
Qu'on vit très bien sans changer d'air.

Que le grand Napoléon meure,
Et qu'on soit en paix cinquante ans
Mille en riront, pour un qui pleure!
Mais si le blé manque à son heure,
Le plus sot ne rit pas longtemps.

Il a bientôt l'échine ronde,
Celui qui courbé sans fardeaux
Bêche la terre et la féconde,
Et ce serait la fin du monde
S'il voulait relever son dos!

O bases de toute fortune,
Vous rendre hommage est mon projet,
Hommes voûtés qui sans rancune
Supportez la maison commune
Comme les Hommes de Puget!

CHANT V

MAITRE PIERRE JACQUE ANDRÉ

Les coudes aux genoux, la tête dans sa main,
Elle rêve éveillée au bord du grand chemin.
Miette, il se fait tard et tu seras grondée !
Mais elle est là distraite et toute à son idée,
Au pied de la Madone et fixant quelque part,
Loin, ses yeux grands ouverts qu'on dirait sans regard
Parce qu'ils sont tournés du côté de son âme.
Telle, assise, elle rêve aux pieds de Notre-Dame.

Et maintenant ses yeux, où passe sa douleur,
Tantôt d'un vert bleu pâle, ont changé de couleur.
La tristesse obscurcit maintenant la prunelle,
Puis une grosse larme y luit en étincelle,
Se gonfle, vient trembler dans les cils noirs et longs,
Et lentement les pleurs roulent par deux sillons
Sur son visage, jusqu'aux deux coins de la bouche
D'où le sourire a fui comme un oiseau farouche !

Larmes de la jeunesse, ô premiers pleurs d'amour,
Qu'êtes-vous, étant joie et peine tour à tour,
Plaisir en même temps et souffrance profonde ?
Vous êtes, ô tourments, les délices du monde,
Pleurs, par qui l'on sent mieux la vie, en étouffant !...
La source en est ouverte en ton sein, jeune enfant,
Et tu ne l'auras pas de sitôt épuisée.
Il faut aux fleurs d'amour cette amère rosée.

Miette rêve, assise, et pleure doucement.

Voyez, dans son chagrin, que son air est charmant !
Comme à travers ses doigts cette larme qui brille

Semble un chaton de bague à la main de la fille...
Belle, c'est à l'anneau d'or fin qu'il faut songer!
C'est là qu'est le salut; c'est là qu'est le danger!
Mais tes yeux sont si grands! sur ta figure fraîche
Brille si fin un si joli duvet de pêche!
Si dorée est ta peau des baisers du soleil,
Et si chauds tes cheveux, — bruns à reflet vermeil, —
Ton jeune sein naissant si doux à l'œil qu'il charme,
Que tous te donneraient l'anneau — pour cette larme!

Clic! clac! — « Eh! range-toi, compère! voyons donc! »
Clic! clac! mais à ces coups de fouet rien ne répond.
Un attelage vient, au tournant de la route,
Là-bas; puis un second qui veut passer sans doute.
— « Eh! charretier, ohé! » Le roulier n'entend pas,
Car ses trois gros mulets, toujours du même pas,
Vont tirant la charrette au mitan de la route;
Ils zig-zaguent un peu, pour mieux l'occuper toute,
Comme ivres, chancelant de l'un à l'autre bord...
C'est que roulier, mulets et charrette, — tout dort.

Clic! clac! Vite, à ce bruit Miette se réveille.

Elle connaît la voix qui frappe son oreille !

A ce ton qui commande, à ce fouet assuré,

Elle a bien reconnu le père de Noré !

Clic ! clac ! « Range-toi donc ! » — Il se fait de la bile !

C'est maître Jacque André qui revient de la ville.

Et vite, elle a repris, bien vite, en se troublant,

Son battoir et son gros paquet de linge blanc,

Et la voilà qui part, le linge sur la tête,

La main droite levée à le soutenir prête,

La gauche sur la hanche et serrant le battoir,

Et, clic, clac, — elle va d'un pied leste, il faut voir !

Et voici sa maison, elle approche, elle arrive

Toute bouleversée et plus morte que vive,

Car, — clic, clac, — au moment qu'elle monte — le pas

Du cheval, et le fouet s'arrête ; on frappe en bas.

— « Fallait rentrer plus tard, » dit son père l'ivrogne.

Il est ivre, et voilà qu'il s'anime et qu'il grogne.

— « Quand je travaille près, je mange à la maison,

Tu le sais bien ! — si tard ! — je saurai la raison,

Pourquoi ! — Ta mère vient d'arriver ; que fait-elle ?
L'âne a-t-il bu, coquine ? — On fait la demoiselle,
Et moi, pauvre mesquin, je me lève la peau !
Et quand j'ai faim et soif vous me nourrissez d'eau !
Allons, que fais-tu là, debout comme une bête ?
N'entends-tu pas qu'on frappe ?—Allons descends, charrette ! »
Elle hésite, et le gueux la suit du mauvais œil,
Quand maître Jacque André, brusque, paraît au seuil.

—« Tiens, c'est vous, maître André ! dit l'autre qui s'apaise ;
Remettez-vous. — Miette, allons, donne une chaise,
Un verre ! — Qui me vaut le plaisir de vous voir ?
... Vas-tu rester là, toi, gueuse ! — jusqu'à ce soir ? »

Le père de Noré, — c'est un homme qui porte
Ses soixante-dix ans sur une échine forte
Quoique voûtée. Il est de ces chênes tordus
Qui soutiennent, au bord des falaises pendus,
Toujours verts, sans céder du pied ni de la tête,
Des siècles de mistral, de mer et de tempête.
Pour plié qu'il se tienne on voit qu'il est debout !
Il a gardé le pli du travail ; — voilà tout.

Miette apporte un verre.

« Allons, voyons, dépêche.
Cours vite au puits quérir une cruche d'eau fraîche.
Pardi, ce mois de Mai ressemble au mois de Juin :
On boit frais volontiers. Cours vite ! »

— « Pas besoin,
Dit Pierre Jacque André ; je n'ai qu'une parole
A dire, — et ma jument pourrait faire la folle !...
L'entendez-vous frapper du pied ? » Et se penchant
A la fenêtre : — « Assez ! ou je deviens méchant,
La Rousse ! C'est pardienne une fameuse bête,
Qui m'a gagné le prix à la dernière fête !... »

Miette, à ces mots, rouge et pâle tour à tour,
Se sent monter au cœur le trouble de l'amour,
Et craintive, debout, tremblante, elle tortille
Son tablier.

« Voici ; je viens pour toi, la fille. »

Et Miette se dit, vite, sans réfléchir :
« Bonne mère ! » et la main lui tremble de plaisir,

Et le rose du sang lui couvre le visage.
Elle croit que Noré l'appelle en mariage!

— « Voici, dit maître Jacque. Il n'est pas de garçon
Plus méritant que toi pour l'ordre, la raison,
Pour le cœur au travail, et même pour la force.
J'étais des durs, avant d'avoir l'échine torse.
Cela fait que je t'aime; oui, cette fille-là,
Antoine, croyez-moi, mon bon, ménagez-la.
Cela sème, vendange, et fait tout comme un homme.
Je vous dis qu'elle et qu'un bon homme — c'est tout comme!
Elle labourerait, pardi, s'il le fallait!
Et quel entrain elle a, la mâtine qu'elle est!
Cela rit tout le temps et fait rire les autres.
— Or, voici les moissons, et nous ferons les nôtres
Dans quinze jours; (les blés sont secs comme du bois;)
Et je viens te louer pour le milieu du mois :
Nous aurons à peu près cinq, six jours de besogne. »

— « Et moi, me prendrez-vous? » dit Antoine l'ivrogne.

— « Vous? — mais votre métier? »

En se grattant le front :
— « C'est que, répondit-il, (ces gueux me le paîront !)
Les chefs m'ont renvoyé ce matin de ma place. »

— « Alors que voulez-vous, dit André, que j'y fasse ? »
Et Miette sentit son pauvre cœur serré.

— « Maître Antoine, reprit le père de Noré,
Je suis plus vieux que vous ; — il faut que je vous dise.
On peut toujours quitter la route qu'on a prise :
Vous, vous quittez toujours la bonne ; c'est tant pis !
Mais pour mieux faire, il est toujours temps, je vous dis.
Vous êtes trop changeant : vous changez de misère.
Vous avez fait un peu de tout ce qu'on peut faire :
De l'eau de fleur d'orange, à Grasse, bon ; et puis,
A l'autre bout du monde, en Camargue, des puits !
Hier cantonnier ; demain fermier... je vous conseille,
Compère, d'être moins l'ami de la bouteille ;
On vous voit fréquentant avec les Piémontais :
Mauvaise race, Antoine ! — Et si je m'écoutais
Je vous en dirais long sur ce qui nous occupe.
Qui change de métier, fait un métier de dupe.

Voyez moi : je n'avais, à vingt ans, pas un sou !

Eh bien, j'ai travaillé cinquante ans comme un fou.

Pendant trente ans, la nuit, qu'on vît ou non la lune,

Je bêchais, ne songeant qu'à faire une fortune,

Le nez toujours à terre et toujours le dos rond...

Je bêchais, je suais... Et — tous vous le diront, —

Quand puis, des fois, par force, il fallait que l'on dorme,

Appuyé sur sa pioche, on dormait, — pour la forme !

En ai-je retourné des mottes, malheureux !

Et les gens du pays s'émerveillaient entre eux

De me voir acharné si fort contre la terre...

Eh pardi ! j'en voulais ! j'en ai, nom d'un tonnerre !

J'ai sué, mais du moins j'en ai ma bonne part.

Croit-on que cela vient sans peine, par hasard ?

Sans patience, et sans qu'on se butte à la tâche ?

Voyez un arbre : lorsqu'il tient, est-ce qu'il lâche ?

Il tient bon ! c'est ainsi qu'il devient grand et haut,

Et qu'il en produit cent à lui seul ! — En un mot,

Compère Antoine, — il faut qu'un travailleur s'obstine,

Et le meilleur n'est bon que lorsqu'il s'enracine ! »

Maître Jacque en parlant s'animait quelquefois.

— « C'est à votre santé, reprit-il, que je bois,
Car je n'ai pas voulu vous faire de la peine...
Vous viendrez tous les deux au bout de la quinzaine ;
C'est dit. — Encore un mot, — et pour votre intérêt :
... Si vous continuiez, — elle, qui la voudrait ?
Dit Jacque, regardant Miette. — Avec la fille,
Un homme par surplus épouse la famille,
Et sans vous insulter — elle n'a pas de bien.
Que lui restera-t-il, si vous ne valez rien ? »

Alors la mère entra.

      — « Ce sont choses bien dites,
Fit-elle. Ah ! tout ce qui t'advient, tu le mérites !
Mais quoi, qu'y ferons-nous ? J'ai de bons bras aussi,
Quoique vieux. — Sans adieu, maître Jacque, et merci. »

Et clic, clac, Jacque fouette et la sonnaille sonne.

Et Miette, à ce bruit, sent que tout l'abandonne...
Il lui semble vraiment que ce bruit qui s'en va
Emporte avec son cœur tout ce qu'elle rêva.

Maître Antoine, un moment surpris et tête basse,
Frappe la table avec son verre qui se casse.
— « Ah ! ces riches ! dit-il, tous des gueux, tous pareils !
Généreux seulement pour donner des conseils ! »

PREMIÈRE PARTIE

CHANT VI
LA MOISSON

PRÉLUDE
LES OULLIÈRES

LES OULLIÈRES

PRÉLUDE

Le blé sec vibre aux moindres brises ;
L'olivier met sur les moissons,
Çà et là, des ronds d'ombres grises
Aussi chaudes que des rayons.

Nos coteaux pierreux, où s'étage
La vigne au flanc disjoint des murs,
Sont des escaliers de feuillage
Et des cascades de blés mûrs !

Dans les plaines, par longues lignes,
Les beaux blés, ruisseaux d'or vivant,
Serrés entre le vert des vignes,
S'en viennent à nous — du levant.

Et toujours droites, continues,
Les oullières, belles à voir,
Ressemblent à des avenues
Pleines de merveille et d'espoir!

Là, — vin et pain, — la vie entière,
Bien avant la cuve et le four,
N'étant encore que lumière,
Coule, belle comme le jour.

Et sur la terre basse ou haute,
Ici, là-bas, toujours, encor,
Cent ruisseaux pareils, côte à côte,
Roulent vers nous la vie et l'or;

Et les pampres marquent les rives
De ces torrents de blé vermeil
Dont chaque jour les sources vives
S'ouvrent là-haut, — dans le soleil!

CHANT VI

LA MOISSON

Dans mon pays, dont l'âme est forte et le cœur tendre,
Il faut toujours, partout, monter pour redescendre,
Car tout est mamelons, ravins, et chemins creux,
Et c'est un vrai pays d'oiseaux et d'amoureux.
Dans les plaines on est comme au fond d'une coupe,
Et l'horizon aux cent collines s'y découpe,
Onduleux, sur l'azur changeant toujours en feu.
Du haut des monts, on voit, sous le ciel jaune ou bleu,

Courir jusqu'à la mer, par grandes, larges ondes,

L'autre immobile mer de nos collines rondes,

Avec les rochers gris et roux, les châtaigniers,

Les lièges tout sanglants quand ils sont dépouillés,

Le figuier, l'olivier, les vignes éternelles...

O terre montagneuse à cent mille mamelles,

Provence d'or, nourrice, ô pays enchanté,

Tes formes sont d'amour et de maternité !

Où sommes-nous ? Quel est le nom de cette côte ?

— Toulon est dans l'ouest. Et cette cime haute,

C'est, — par là, vers le nord, — ce pic, gris de rocher

Et vert de pin, formant la poire à bout penché, —

Coudon, le premier point de la terre que voie,

Du large, à son retour, le marin plein de joie.

Pour annoncer la terre aux braves gens de mer

Qui n'ont vu si longtemps que l'eau, la nue et l'air,

Pour annoncer de loin le sol natal aux nôtres,

Sois aimée, ô montagne, entre toutes les autres !

Car tu te dresses haut pour te faire bien voir,

Et tu dis à plusieurs : « Je suis là ! bon espoir !

Vos maisons, vos jardins, je les vois, — venez vite !

Dans la plaine, à mes pieds, c'est moi qui les abrite ! »

Ah ! ces vaillants marins, souvent silencieux,

En lutte avec le vent, entre vagues et cieux,

Sont beaux, debout, la barre en main, l'œil sur leurs voiles,

Mais plaignons-les de voir moins de fleurs que d'étoiles.

L'homme est fait pour la terre ! et, souvenez-vous-en,

L'homme heureux, c'est encor Jacque le paysan !

Mais où donc sommes-nous ? Sur quel point du rivage,

Miette ? Et quel est-il, le nom de ton village ?

Querqueiranne ou la Garde ? — Eh, non ! car où serait

Ta rivière aux bords verts, drus comme une forêt ?

Est-ce la Crau, Solliès, où le Gapeau murmure ?...

Là, que de rossignols dans l'épaisse ramure !

Mais où serait la mer qui fait chanter le ciel ?

Est-ce Antibes ? — Coudon est loin de l'Estérel !

Je le sais, le village, — et je sais la rivière,

L'oratoire où Miette oublia sa prière,

La grand'route qui court, blanche, au bord du flot bleu.

Mais pour tout reconnaître, il faut chercher un peu !

... La bastide de Jacque est sur une colline
Très basse, d'où pourtant la plaine se domine
Tout entière, et la mer voisine s'aperçoit.
Auprès de la maison un grand cyprès est droit.
On le connaît de loin, ce cyprès, à la ronde ;
En a-t-il vu passer, cet arbre-là, du monde,
Dans les chemins qui vont par la plaine en tous sens !
L'arbre est là, toujours vert, mais où sont les passants ?
Il nous est mort des vieux, nés depuis qu'il existe ;
Pourtant le grand cyprès de Jacque n'est pas triste :
Il plie et chante au vent comme un cent de roseaux,
Et c'est toutes les nuits l'auberge des oiseaux.

Devant le vieux cyprès, dont la base est énorme,
L'aire vaste arrondit sa belle plate-forme
Fréquentée, au moment des blés, par les fourmis
Et les moineaux, dont les semeurs sont ennemis.
Au mitan, un carré de briques y rougeoie.
Et c'est de là qu'empli d'impatiente joie,
Jacque, un matin de juin, promène ses regards
Sur ses blés, qui lui font salut de toutes parts.
L'étoile du berger, dans l'or du levant, brille ;

Le jour, rose, blanc, jaune, à l'Orient pointille,
Et le premier rayon du ciel oriental
Naît, frais comme de l'eau, clair comme du cristal.
Il dore tout à coup la pointe des collines,
Éveille mille voix comme lui cristallines,
Et semble, ce premier rayon, tant il est frais,
Nous venir de la mer qui chante là tout près !
Mais bon aux fainéants de ruminer ces choses !
Jacque André songe bien aux rayons blancs ou roses !
Il pense qu'il a plu juste à temps, ces jours-ci,
Que les blés ont gagné cent pour cent, Dieu merci !
Qu'ils sont fauves, compacts, grenus, d'un grain sonore,
Qu'ils pèsent quatre-vingt, — peut-être plus encore !
Ses moissonneurs là-bas s'en viennent en chantant.
Le soleil apparaît. Maître Jacque est content.

Et du haut de son aire il commande aux faucilles :
— « Commencez par en bas. Attaquez ! — Chut, les filles !
Bonjour, Norine. — Allons, profitez du bon frais.
Holà, Rose et Michel, nous causerons après !
Liez, filles. Voici les six premières gerbes.
… Pardi, c'est pourtant vrai que ces blés sont superbes !

Bonjour, Miette. Eh bien, ton père est en retard ?
Tant pis pour lui. C'est moi qui gagnerai sa part ! »

— « Il ne peut pas venir, » dit Miette.

— « L'ouvrage
Lui fait peur ? C'est un gueux qui n'a pas de courage.
Je l'avais commandé pour lui faire plaisir.
Tu t'en souviens ? — Tant mieux, s'il ne peut pas venir ! »

Jacque n'en dit pas plus. C'est un bon cœur, mais rude.
Cependant, il est plus aimable d'habitude,
Et Miette attendait un meilleur compliment
Pour être la première au travail, — et gaîment.
Il n'a rien ajouté. Miette s'en étonne.
Mais des autres, — cela n'aura surpris personne,
Car, dimanche passé, son foulard rouge au cou,
Miette, — avec Noré qu'on regardait beaucoup, —
A dansé deux, trois fois,... c'est la grande nouvelle.
— « Un si riche garçon ! qui s'occupe tant d'elle !
Si c'est possible ! il faut dire cela chez lui,
A son père ; on pourra prévenir de l'ennui ! »

Bonnes gens ! ils ont craint non pour la pauvre fille,

Mais pour le riche gars, pour sa riche famille.

Le service, on le rend à qui peut le payer.

Jacque leur dit : « C'est bon ; » sans les remercier.

Puis, à son fils : « Garçon, prends garde à ta jeunesse,

A l'amour, le plus fin des malins qu'on connaisse.

On n'est plus avec soi, quand le veut celui-là.

La fille des Toucas a du bien. Aime-la,

Avant d'avoir en toi plus de goût pour Miette.

Tu l'as donc fait danser? Trop? Cela m'inquiète.

… C'est pour gagner du bien que j'ai cassé mon dos,

Et, mort, je sentirais du chagrin dans mes os

Si tu gâchais un bien tant sué goutte à goutte !

Le père de Mion te le boirait sans doute !

Cherche ailleurs. »—Noré dit:—« Norine aussi me plaît. »

Miette a deviné, toute simple qu'elle est.

… La lumière à présent sur les pentes dévale,

Et semble sur les flots une pluie estivale :

La mer est un miroir de rayons clapotants.

Mais, près de se mêler aux moissonneurs chantants,

Jacque aime mieux d'en haut voir une fois encore
Sa plaine aux cent arpents qui lentement se dore,
Le soleil pétiller aux pointes des épis,
Et transparaître au bout des pampres dégourdis,
Et dans les derniers cris qu'un coq au ciel envoie
Jacque sent éclater en lui sa propre joie !

Et les faucilles vont, grinçantes, dans les blés.
Frinc !... Dans sa large main, — à la hâte assemblés
Chaque homme a cent épis qu'en grinçant la faucille
Tranche, et qu'il laisse à terre, et que lie une fille.
Le croissant de fer luit dans les blés et les prend,
Et la moisson sur pied, çà et là s'échancrant,
S'affaisse, et gît bientôt par gerbes dispersées
Qui seront dès ce soir en cercles amassées...
Et resteront ainsi plus de dix jours par tas,
Au soleil, — les épis ayant la tête en bas.

Jacque pour se courber n'a point d'effort à faire.
Il moissonne, pas plus voûté qu'à l'ordinaire,
Et maintenant qu'il est parmi les travailleurs,

On ne remarque plus sa taille entre les leurs ;

Et comme c'est pour lui qu'il coupe, et pour l'exemple,

Sa faucille est plus vive et son geste plus ample ;

Frinc, frinc ! Le soleil monte et dardaille là-haut ;

Il pique, et la cigale a déjà dit son mot,

Car au gros du soleil lorsque tout doit se taire

Elle commence et dit les ardeurs de la terre.

Le soleil va montant et la moisson reluit,

Elle aveugle, et l'on sue, et les fers font leur bruit ;

Et Noré : « Qu'il fait chaud ! » Norine :— « Il en tombe une ! »

Et Jacque dit, riant : « C'est un beau clair de lune ! »

Miette, — elle, — se tait, ayant plus d'une fois

Vu se parler, courbant le front, baissant la voix,

Cachés par les hauts blés, trahis par la lumière,

Norine avec Noré demeurés en arrière.

Et sans voir tout le fond de ses futurs chagrins,

Elle est triste et se dit : « Jésus ! que de bons grains !

Qu'il est riche, ô mon Dieu ! Je suis trop pauvre fille ! »

Mais le rude soleil qui de toutes parts brille

L'empêche de penser plus long pour le moment,

Car dans l'air de midi flotte un bourdonnement.

Car tout, sous l'azur blanc, vibre, — poussière, abeille,
Lumière, — et l'esprit lourd vers midi s'ensommeille.

Il faut manger pourtant. Déjà, de bon matin,
Un oignon de la Garde, un verre de gros vin,
Un croûton de pain dur, par hasard une figue,
Les ont lestés, après deux heures de fatigue ;
Mais midi les appelle au seuil de la maison,
Sous les mûriers qui font de l'ombrage à foison,
A la table de pin qui sous les cruches plie,
Non loin du puits joyeux dont chante la poulie.
« Arrivez, mes enfants ! » — La mère de Noré
Appelle, et l'on accourt au dîner préparé.
C'est l'*aïoli* fait d'ail tout pur et de bonne huile,
Le mets fort, méprisé par les hommes de ville,
Les légumes nouveaux et la morue autour,
Les figues fleurs à qui les guêpes font la cour,
Et la ronde omelette aux oignons, baptisée
« Moissonneuse » pour sa couleur rousse et braisée.

C'est en s'attablant là, ce jour même, à midi,
Que Miette, la pauvre, en tremblant, entendit,

(Car l'amour a cent yeux pour voir ce qu'il redoute,
Et ce qu'on ne veut pas qu'il entende, il l'écoute),
Elle entendit André dire au fils : « Mets-toi loin
De Miette, et Norine au contraire aies-en soin,
Puisque tu t'es promis de la choisir pour femme ! »
Noré dit : « Oui, mon père, » et Miette, pauvre âme,
Ne put manger ni boire, et s'en cacha pourtant,
Et le repas fini, quand on est plus content,
Quand on songe à la pipe en achevant de boire
Et qu'avant de chanter chacun dit une histoire,
Elle ne trouva rien pour conter à son tour.
Ce que c'est cependant d'avoir le mal d'amour !

— « O Miette ! dit l'un, qu'as-tu, belle petite ?
Rieuse on te connaît ! fais donc voir ton mérite ! »
Mais elle, le cœur gros, sentait battre son sein.
— « Elle aime donc l'amour ? Moi, j'aime mieux le vin, »
Dit l'un. — Miette eut peur d'échapper une larme.
Un autre : — « Bon, le vin ! mais l'eau pure a son charme :
Buvons à l'eau ! buvons aux citernes, aux puits ;
Qu'ils versent ! car c'est l'eau qui fait le vin ! » — « Je suis,
Dit Noré, comme toi, mais en trouvant l'eau bonne,

Je bois plus volontiers le bon vin qu'elle donne! »
Et la tablée en chœur riait par grands éclats,
Et chats et chiens léchaient sous la table les plats.

Puis, parmi les chansons et les pipes éteintes,
Le sommeil fit sentir ses premières atteintes,
Et Norine : « Demain, nous ne dormirons pas!
— Et pourquoi?—C'est dimanche et l'on danse! » Et tout bas:
— « Vous ne danserez plus, j'espère, avec Miette! »
Noré répondit : « Non. » Et, vite, la pauvrette
Feignant de se lever pour dormir dans son coin
S'en alla sangloter seule, dans le bois, loin.

Et cependant, (l'espoir est une herbe mauvaise!)
Miette doute encor que Norine lui plaise :
Oui, Noré fait cela dans le premier moment,
Pour son père... qui sait? par ruse assurément!
Et tandis que partout à l'ombre on fait la sieste,
Elle se dit cent fois ceci, cela, le reste,
Et pleure, — et songe au bal du lendemain... **Hélas.**
Mion! les jours de bal ne se ressemblent pas!

Vrai bal de moissonneurs que ce bal de dimanche.

On soulevait à flots de la poussière blanche;

On dansait au milieu d'un nuage mouvant,

Sur la place, — à midi ! — pas un seul brin de vent !

Le soleil dardaillant traversait les platanes,

Où par milliers, sonnant comme autant de campanes,

Les cigales faisaient, à pleins tambours, un train

Où se serait perdu le bruit du tambourin

Si le tambourineur qui conduisait la danse

Sur celle de leur voix n'eût réglé sa cadence !

Là Norine et Noré dansèrent tout le jour,

Et Mion se vit seule et déçue en amour.

La moisson, — chez André, — s'acheva sans Miette.

Elle se dit malade, — et c'était vrai, pauvrette.

PREMIÈRE PARTIE

CHANT VII
LA FARANDOLE

PRÉLUDE
LE CRI DE PROVENCE

LE CRI DE PROVENCE

PRÉLUDE

Il vient d'un coup, sans qu'on le veuille,
  Le Mistral, le grand vent!
Et quand il fait : « Zou! En avant! »
  Tout tremble comme feuille.

« Et zou! Et zou! » fait le Mistral;
  Alors la terre tremble!
Les vagues se battent ensemble,
  S'il donne le signal.

C'est le camarade du Rhône ;
  Ils font même chemin.
Quand ils criaient : « Zou ! au Romain ! »
  Les Césars riaient jaune !

Quand il dit : « Zou ! » danse la mer,
  Où l'on cargue les voiles,
Et, la nuit, on voit les étoiles
  Vaciller au ciel clair !

Mauvais brouillard, mauvais nuage
  Filent, s'il brame : « Zou ! »
Car le Mistral est comme un fou
  Pour la force et la rage.

Et quand le peuple provençal
  A de grandes colères,
Il fait : « Zou ! » le cri de ses pères,
  Du Rhône et du Mistral.

CHANT VII

LA FARANDOLE

Sur l'aire communale, à deux pas des maisons,
On vient rire, le soir, après les foulaisons;
On y cause, on y danse, on chante au clair de lune.
C'est un gai rendez-vous que cette aire commune.
Dix couples différents de chevaux de labour,
Chacun formant son cercle, y tournent dans un jour,
Au trot, les yeux bouchés sous le cuir qui se bombe,
Faisant de leur pied lourd, qui tombe et qui retombe,

Des épis déliés jaillir le bon froment.
Ah ! dans ce monde-ci rien ne vient sans tourment :
Les raisins, les épis, tout se foule, se broie,
Les cœurs aussi, — pour qu'il en sorte un peu de joie.

Or ces gens qui, le jour, sous le pas des chevaux,
Fourche en main, rejetaient les épis par monceaux,
Ou, — ce travail fini, — lançaient en l'air la paille
Pour que le grain demeure et qu'elle—au vent s'en aille,
Les travailleurs et tous, enfants, jeunes et vieux,
Viennent, et l'aire éclate alors en bruits joyeux.
On se pousse, on s'appelle, on se poursuit, on lutte ;
La fille et le garçon roulent dans une chute ;
Se cherchent par la fuite au milieu des grands cris ;
Les mains pressent la taille, et que de baisers pris !
Les gardiens, pour la nuit, font leur abri de toiles,
Mal clos, bon pour l'amour qui se plaît aux étoiles.
On se pose. Et les vieux souvent enflent la voix,
Oubliant qu'eux aussi furent fous autrefois.

... En attendant qu'un vent qui menace s'élève,
La nuit se tait. Le flot parle seul à la grève.

Et sur l'aire les cris s'apaisent par moment,

Et tous lèvent alors les yeux au firmament,

Car la saison de feu, qui change en or les plantes,

Est aussi la saison des étoiles filantes ;

Moisson du ciel ! La lune en faucille d'argent

Passe, et l'on voit trembler l'étoile à feu changeant,

Et souvent, trop chargé, — c'est le moment superbe, —

Le moissonneur du ciel éparpille sa gerbe.

O claires nuits d'été, plus douces que le jour,

Soupirez comme un sein jeune et gonflé d'amour,

Nuits pleines de regrets, — car le printemps s'achève, —

Nuits pleines de désirs, de silence et de rêve...

La terre brûle encor des baisers du soleil,

Et les exhale au vent dans un demi-sommeil.

Miette ce soir-là vint respirer sur l'aire.

Noré pourtant n'y doit pas être ; mais que faire ?

On s'ennuie à rester chez soi par ce beau temps.

Triste, on s'égaie un peu de voir les gens contents.

Noré, ce coureur, danse à la fête voisine

Dont on entend le bruit par-dessus la colline,

Un son de violons, de cuivres, vaguement
Dans un lent souffle d'air apporté par moment.
Et Miette s'assied loin des autres, à terre,
Hélas! — Et dans un coin, comme elle solitaire,
La sorcière Finon, que Mion ne voit pas,
En la suivant de l'œil a chantonné tout bas.

Malheur à toi, Mion, car la Masque est méchante,
C'est en te regardant que la chouette chante.

Hier, un petit mistral tout le jour a soufflé,
Plus fort le soir, qui dans la nuit a redoublé,
Et c'est pourquoi la mer, grosse encor, bat la roche,
A coups sourds,—dont l'écho s'éloigne et se rapproche
Selon le vent, et les appels du bal lointain
Semblent dans ce bruit triste un bonheur incertain.

Le ciel obscur et bleu, plein d'étoiles, fourmille.

— « Eh! là-bas! crie un vieux, quel est ce feu qui brille? »
— « C'est la lune levante à travers les pins. »—« Non!
« C'est un feu d'incendie! ou j'y perdrai mon nom! »

— « La lune à son lever semble un feu d'incendie;
« Qu'en dis-tu, de ce feu, toi, Brun? »—« Je l'étudie, »
Répond Brun, et bientôt : « Par malheur, c'est un feu !
Il tremble entre les pieds des pins noirs. Vois un peu !
Les Maures brûlent! » — « Oui, dit un passant, j'arrive
Des Maures. Le vallon brûlait. Le feu s'avive,
Et gagne sur le haut. Ils sont là plus de cent
Qui font la part du feu. »—« Oh! c'est puis trop souvent!
Ils brûlent, ces coquins, nos pinèdes, de rage,
Parce qu'on leur défend le droit de pâturage,
Tous ces gueux !... J'ai trouvé, passant par là des fois,
Un feu tout préparé pour détruire le bois :
L'allumette est liée à quelque branche basse,
Et frotte sur la roche au moindre vent qui passe,
Et tout part! Ces grands pins résineux flambent bien !
Tout craque; le feu court et gagne en moins de rien,
Car là tout est si sec! tout pousse entre les pierres...
Et les pommes de pin sautent dans les bruyères,
Lançant la flamme! Adieu, mon bois. Le gibier fuit...
Té, vé! quelle flambée ! » — Et sur le ciel de nuit, —
Rougissant l'horizon, — le feu sinistre ondoie...
Mais c'est si loin, que tous reviennent à leur joie,

Quand un groupe, attentif aux lointains violons,

A dit : « Si l'on dansait ? — Eh, les filles, — allons ! »

Miette écoute au loin la mer lourde qui gronde,

Et ne voit pas Finon qui rassemble le monde,

Et qui chante à voix basse une ronde. — Et l'on rit.

Nous le savons déjà, la vieille a de l'esprit.

Quand on veut se moquer des gens, on les chansonne ;

Finon fait la chanson... Alors, ce n'est personne.

Miette écoute au loin les violons du bal,

Et ce chant de gaîté lointaine lui fait mal,

Car Noré, — c'est sûr, — danse avec l'autre : Norine.

Et son cœur tourmenté saute dans sa poitrine,

Troublé comme la mer triste qu'on ne voit pas.

Et Finon a cessé de fredonner tout bas,

Et des couples malins ont crié : « Farandole ! »

Et, la main dans la main, toute une bande folle

Se forme en long ruban qui serpente... En avant !

On saute aux sons du bal apportés par le vent.

On dirait que ce vent, qui tombe et se relève,

Qui fait gémir la mer plus grosse sur la grève

Et la flamme ondoyer comme un drapeau de sang,
Tord cette écharpe humaine à son souffle croissant !

Et : « Zou ! »—C'est là le cri de la ronde ! il ressemble
Au sifflet du mistral dans la forêt qui tremble...
Zou !... des femmes là-bas, dont les fils sont en mer,
Pensent aux flots tout noirs sous le ciel pourtant clair !
Zou !— le vent monte. Zou ! — demain beau temps de pêche.
Et zou ! la farandole à grands bonds se dépêche,
Va, vient, tourne cent fois ses anneaux repliés...
Elle ondule vers toi, la bête aux mille pieds,
Miette ! la couleuvre humaine à mille têtes !
Zou !... tu la vois venir !... tu cours, puis tu t'arrêtes !
Et zou !... c'est bien à toi qu'on en veut ! —Ils l'auront !
La farandole approche ; elle se noue en rond ;
Et Miette au milieu, —que rien ne peut défendre ! —
Entend virer ce chant, d'abord sans le comprendre :

— « Lundi. La fille qui lave
, Doit faire, quand elle est brave :
Flic, floc !

Quand on lui parle d'amour,
Doit taper à double tour.

« Mardi. Quand un galant passe :
« Permettez qu'on vous embrasse ! »
Flic, floc !
Doit avec son battoir blanc
Laver la tête au galant.

« Mercredi. La fille sage
Du battoir connaît l'usage :
Flic, floc !
Quand on lui parle d'amours
Son bon battoir bat toujours.

« Jeudi. Moi j'en connais une
Que son battoir importune :
Flic, floc !
La belle l'a déposé.
L'amoureux prend un baiser. »

... Là, la bande se tait. Seule, une voix poursuit,
Perçante comme un cri de choucas dans la nuit :

« Vendredi. Fille jolie,
Le battoir que l'on oublie,
Flic, floc !
Près du ruisseau sur le sol,
Dira tout au rossignol ! »

... Oh ! Miette a compris ! tout son corps se resserre
Au secours ! Elle est seule ! — « Hélas ! mon Dieu, ma mère ! »

— « Samedi. Rossignol chante.
Qui chante, son mal enchante !
Flic, floc !
Il a tout dit en chantant,
Et tout le monde l'entend !

« Dimanche. On chante à la ronde
Cette histoire à tout le monde !
Flic, floc !

Chacun connaît le garçon,
Et la fille, — on sait son nom ! »

Et zou ! — La ronde tourne avec ce cri strident !...
Tous ils sont jeunes, tous amoureux cependant !
C'est le mal impuissant qui leur souffle sa haine.
Et zou !—Pas un d'entre eux qui garde une âme humaine!
Pareils à leurs mulets, ils tournent aveuglés,
Foulant aux pieds ce cœur comme on foule les blés !
Zou ! — La pauvre à genoux tombe et se désespère :
Elle n'a pas d'amis ; aucun n'aime son père.
Zou ! — Elle ne dit mot ; elle a peur, voilà tout.
Oh ! Noré !... Si Noré paraissait tout à coup ?...
Un cri de violon traverse la colline...
Et zou ! — Là-bas Noré s'amuse avec Norine !
La mer qui bat les rocs, Miette, cœur mourant,
Croit la voir tournoyer, et l'eau froide la prend !
Et zou ! — Là-bas le ciel tout rouge, pauvre fille !
Le ciel, incendié par les grands bois, vacille !
La lune qui paraît, c'est encore le feu !
Au secours ! C'est la fièvre : « Hélas ! songez un peu,

Si les pommes de pin sautaient dans les étoiles ! »

Le vent a renversé les cabanes de toiles !

Zou ! le ciel tourne ! Zou ! un dernier coup de vent,

La poussière volant, la paille s'enlevant,

Rompt la bande qui hurle, — et la pousse, — et la chasse !

... Et Miette à genoux reste seule sur place,

La tête dans ses mains, le sein plein de sanglots.

Le cri des violons répond au bruit des flots.

DEUXIÈME PARTIE

CHANT Ier
LE MUSEAU DE VENDANGE

PRÉLUDE
LA VIGNE

LA VIGNE

PRÉLUDE

La vigne a mal. Le diable est fin.
C'est une bête qui la mange!
Dieu sera bon: j'attends la fin;
    Encore une vendange!

C'était notre plus beau trésor.
Quel air triste ont ces mêmes souches
Dont le vieux vin fait rire encor
    Et les yeux et les bouches!

Les savants n'y comprennent rien :
« La vigne meurt... La vigne est morte...
Tout est perdu! » — Nous verrons bien!
    Notre terre est si forte!

« C'est la ruine, paysans! »
— Non! Dieu ne veut pas notre perte :
Des plants, condamnés de trois ans,
    Ont fleur et feuille verte!

Je vous dis qu'elle ne meurt pas;
Allons donc! pourquoi mourrait-elle?
Que resterait-il ici-bas?...
    La vigne est immortelle!

Amis, demain il fera jour.
Ce n'est pas là que nous en sommes!
Ce serait la fin de l'amour,
    Du soleil et des hommes!

La vigne malade a sommeil?
Laissez faire, elle se repose.
Fiez-vous-en au grand soleil.
    ... Mais parlons d'autre chose...

La vigne a mal. Le diable est fin.
C'est une bête qui la mange!
Dieu sera bon: j'attends la fin;
    Encore une vendange!

CHANT Ier

LE MUSEAU DE VENDANGE

Qu'on ait fait la chanson à la pauvre petite,
Que plus d'un mois elle ait été malade ensuite,
Noré le sait. Noré n'est pas méchant ; Noré
A du cœur et, présent, — sans doute il l'eût montré.
Mais c'est fait maintenant! savoir à qui s'en prendre
Et puis, si tard après, ce serait trop d'esclandre,
Car Noré fait la cour à Norine Toucas.
Miette lui plaisait, — mais il n'y songeait pas.
Noré suit les conseils de toute sa famille.

Sur le bruit qu'il faisait la cour à cette fille,
Qu'il dansait avec elle, et que son foulard fin,
Elle l'avait au cou, — qu'ils se parlaient enfin,
Tout les jours que Dieu fait il en eut du reproche.
N'entend qu'un son celui qui n'entend qu'une cloche :
Ah ! si Miette avait su se défendre un peu !
Mais il la fuit. Elle est timide. Amour, adieu !

Adieu, — pourquoi ? qui sait ! La fille est si jolie !
Noré de son côté croit vraiment qu'il l'oublie,
Mais avant que la flamme apparaisse, souvent
Invisible pour tous sommeille un feu couvant.
Mion ne lui dit rien ? Eh, c'est tant mieux peut-être.
C'est par là justement qu'il peut la mieux connaître :
Trop de filles lui font l'œil aimable, à choisir !
L'orgueil de celle-ci doit lui faire plaisir.
… Que cela soit ou non, le garçon se répète
Qu'il faudrait être fou pour épouser Miette ;
Que son père a raison de ne pas la vouloir,
Et qu'obéir au père est le premier devoir.

Elle, — elle se redit qu'elle est abandonnée,

Mais sans y croire ; elle est toujours plus étonnée.
Elle ne revoit plus son Noré, — qu'en rêvant.
Son père ne sait rien. Il se tue en buvant.
Sans lui, sans son défaut, qui sait? on voudrait d'elle !
Quel malheur ! elle n'est pas assez demoiselle !
Oui, c'est un grand malheur de n'avoir pas de bien.
Le père ne sait rien... La mère ne dit rien,
Et va vendre au marché tous les jours de bonne heure.
Là, songeuse et craignant l'avenir, elle pleure.

Ainsi se sont passés deux mois, bientôt trois mois.
Les premiers champignons vont, s'il pleut, dans les bois,
Crever le sol léger fait de débris de feuille.
Les cailles vont passer. Et s'il pleut, (Dieu le veuille !)
La figue grossira — qui, maigre jusqu'ici,
Au lieu de se sécher molle — a presque durci
Sur la claie, au soleil effroyable qui plombe.
Le pampre çà et là rougit et même tombe.
Mais quoi ! s'il ne pleut point, qu'y faire cependant !
Le vin sera meilleur s'il est moins abondant.
Ah ! la vigne a du mal. Le diable nous la mange !
Il est fin, mais Dieu bon... Encore une vendange !

Septembre. Au jour naissant. Vendange chez Noré.
Mourvède, tibourin, raisin noir et doré,
Olivette et claret, pisse-vin, pis-de-chèvres,
Blanc muscat que le plus dégoûté porte aux lèvres,
Tout tombe sous la serpe et déborde aux paniers.
La charrette cent fois, défonçant les sentiers,
Emporte le trésor de cinquante cornues.
— « Bah! ces vendanges-là ne sont point mal venues! »
— « Mais quelle différence à celles d'autrefois!
Tenez, regardez-moi vos souches! » — « Je les vois,
Dit Jacque, et ça me fait saigner le cœur et l'âme! »
— « L'an qui vient, nous serons ruinés! dit sa femme;
Dans deux, trois ans, du train dont va le mal, — ma foi,
La vigne est morte!...Adieu, belle France!»—«Tais-toi,
Femme! quand on ne sait ce qu'on dit, faut se taire.
On ne pourrait donc plus se fier à la terre!
C'est mal parler. — Bon an, mal an, coquin de sort!
Elle nourrit le monde! — Et puis, Dieu n'est pas mort! »

Et le vieux, étendant le doigt vers la colline,
Pliant sur ses jarrets pour redresser l'échine :
« Dieu, le voilà! » dit-il. — Il montrait le soleil.

— « Je ne peux pas entendre un langage pareil !
Les fils ne doivent pas mal parler de la mère !
Et puis, la trop prévoir fait venir la misère.
Les savants trouveront à nous sortir de là !
La vigne a mal ? eh bien, attendons, soignons-la,
Mais c'est blasphémer Dieu de dire qu'elle est morte,...
Ou ce sera la fin du monde ; alors, qu'importe ! »

Et tous, en entendant le vieux parler ainsi,
Travaillaient en silence et rongeaient leur souci.

La charrette au pas lourd, de canestelles pleine
Se plaignait du gros poids en traversant la plâine,
Et s'arrêtait au bas du coteau. — Là, des gens,
Allant, venant sans fin, chargeants et déchargeants,
Portant les hauts paniers d'une marche qui penche,
Le coussin à l'épaule, une main sur la hanche,
Et par-dessus la tête arrondissant un bras,
Gravissaient les sentiers rocailleux d'un bon pas,
Puis, là-haut, ils versaient banastes et cornues
Dans la cuve où Noré dansait, les jambes nues,
Se tenant d'une main à la corde, — en travers

Des poutres du plafond pleines de trous de vers.

Et parfois un porteur : « Est-il content ! il danse !

...En as-tu trop ? »—« Jamais ! — Envoyez l'abondance ! »

Or le soir de ce jour on vendangeait encor,

Et le soleil couchant colorait tout en or,

Quand Noré descendit voir un peu les vendanges,

Et Norine en pleurant : — « Il faut que tu me venges !

Mius m'a fait trois fois moustouïre ! il m'a fait mal !

Pas en galant ! Il m'a prise en traître et brutal,

Et m'écrasant la grappe en frottant mon visage,

Regarde, il a gâté la robe et le corsage ! »

Il faut dire que c'est un jeu cher aux garçons,

Quand on vendange au bruit du rire et des chansons,

Jeunesse au cœur, baisers et grappes à la bouche,

Si quelque fille oublie un raisin sur la souche,

D'en barbouiller d'abord sa joue en châtiment,

Pour l'essuyer après des lèvres, bravement !...

Songez d'un vendangeur quels baisers on attrape,

Et ce qu'il presse mieux, ou la fille ou la grappe !

... Mius : « C'est de bon jeu. L'étourdie a trois fois
Oublié la grappille aux souches. » — « Je le crois,
Dit Noré ; mais enfin, Mius, si ça l'ennuie ! »

— « Vois, dit Norine, c'est ton baiser que j'essuie ! »

— « Attends ! » cria Mius qui la prit par le bras.

— Et Noré : « Garde à toi, si tu ne lâches pas ! »

— « Toi, fit Mius piqué, — vas en défendre d'autres !
N'as-tu pas tes amours ? gardons chacun les nôtres.
Il fallait être là, le soir de la chanson !
Nous avons chansonné ta Miette, garçon ! »

— « ...En étais-tu ? » cria Noré. — « Tiens ! je m'en doute ! »

— « Ô gueux ! ô mendiant ! » dit Noré. — « Je t'écoute, »
Dit Mius, grand gaillard bâti comme Noré.

— « Tu n'es qu'un gueux ! c'est tout ce que je te dirai. »

— « Répète-le ! » — « Mais toi, lève la paille, drôle ! »

Mius se mit un brin de paille sur l'épaule,
Et Noré s'avança... Tous les deux, l'œil dans l'œil,
S'attendaient, chacun plein de colère et d'orgueil.

— « J'en cherchais un, de ces danseurs de farandole,
Dit Noré, s'excitant à sa propre parole :

Le voici ! Tu fus donc de ces brutaux, voleur !
Fils de ta mère ! gueux ! marrias ! » — « Oh, malheur ! »
Fit Mius, quand Noré lui fit sauter la paille...

— « Eh ! Jacque ! avec Mius ton enfant se travaille ! »
Fait Brun ; « Norine crie. On s'écorche là-bas ! »
— « Laisse faire ! dit Jacque. Ils ne se tùront pas.
Je tapais dur aussi, dans ma bonne jeunesse.
Allons les voir. — Il faut qu'un homme se connaisse ! »

Les deux garçons se sont corps à corps attrapés.
Bras nus, et sur les dos tout ronds — les doigts crispés,
Les jambes s'écartant, les pieds mordant la terre,
Les mentons s'écrasant sur l'épaule contraire,
Ils s'attendent l'un l'autre et soufflent avec bruit.
Une feinte commence ; une autre aussitôt suit.
Chacun arrache au sol l'autre qui s'y recampe ;
Le souffle leur échappe et la sueur les trempe ;
La chemise se colle aux flancs et craque aux doigts...
Ils se pressent toujours dans des bras plus étroits.
Mais l'un sent le menton de l'autre sur sa joue,
Et crie ! et sa ceinture à longs plis se dénoue...

C'est Mius que Noré soulève, et dont les pieds
Sont pris dans la taïole aux contours embrouillés,
Et qui, manquant le sol, frappe des deux épaules !
Alors Jacque s'approche et dit : « C'est fini, drôles. »

Mais Noré prend Mius à la gorge. — Vaincu,
Mius lui porte un coup bien donné... « Bien reçu ! »
A dit Jacque.

   Norine au loin parle aux commères.

Noré sent de l'écume à ses lèvres amères,
Et clouant sous son poids l'adversaire effaré,
Il bégaie : « A présent, qu'est-ce que j'en ferai ?
Que te ferai-je, gueux ?... J'étrangle, — si tu frappes ! »
Et renversant du pied un panier plein de grappes,
Il vous en ramasse une et l'écrase à plein poing
Sur la face de l'autre en ne le lâchant point !
— « Ah ! tu fais la moustouïre aux filles !... Tiens, bois, mange !
Museau de porc ! museau de lie et de vendange ! »

Mius lâché ne put que se dresser honteux
Et la bouche et les yeux pleins de débris juteux...

—« Du sang! » crie une femme !—« Euh! du sang de la vigne! »
Dit Noré, qui s'en va, — car son père a fait signe.

— « Va, nous nous reverrons ! dit Mius. Sans adieu ! »

Oh ! quand Miette apprit cela, Jésus mon Dieu !

DEUXIÈME PARTIE

CHANT II
LES PRESSOIRS

PRÉLUDE
LE PRESSOIR

LE PRESSOIR

PRÉLUDE

Pour faire de la joie,
Pour faire le bon vin,
On foule, on presse, on broie
Les grappes de raisin.

Il faut subir la peine
D'où sort un peu de bien.
Sois forte, ô race humaine!
Les cris ne peuvent rien.

Tu saignes, chair blessée!
Vous saignez, ô cœurs purs!
L'âme pleure, — écrasée
Comme les raisins mûrs.

Sous un écrou qui serre,
L'Humanité se tord,
Pleurante de misère
Et saignante à la mort.

Et tous, l'orgueil, l'envie,
Ont sous l'écrou leur jour...
Il tourne, et fait la vie
Et l'éternel amour!

Patience, ô les hommes!
Espérons jusqu'au soir...
Ce n'est pas nous qui sommes
Les maîtres du Pressoir.

CHANT II

LES PRESSOIRS

La mère de Miette à son homme, la veille,
Avait dit : « Tiens, il pleut ! — Après une eau pareille,
Les champignons sous bois vont pousser hardiment.
Mais qu'avions-nous besoin de pluie en ce moment ?
Voilà ce qu'il fallait au temps des feuilles vives !...
Bon ! cela fait toujours plaisir pour les olives. »

Et Miette et son père, à travers le carreau,
Regardaient sur la route à grand bruit tomber l'eau,

Et les gens pour rentrer se hâtant sous l'averse.
Les platanes des bords, que l'eau déjà traverse,
Piaillaient, pleins de moineaux mouillés et voletant.
Sous l'eau qui ruisselait tout paraissait content,
Le chemin qui changeait en miroir sa poussière,
Les flaques pétillant de gouttes de lumière,
L'olivier bien lavé des blancheurs du chemin
Et les gens sur les seuils tendant à l'eau leur main.

Et joyeux en son cœur, par le trou de la crèche
L'âne se mit à braire au parfum de l'eau fraîche.

Le tonnerre, un moment, roula, lointain et sourd.

— « Les limaces se vont promener au tambour,
Dit l'homme. Va, Miette, en chercher dans la vigne. »
Comme elle sort, la foudre éclate. Elle se signe :

— « Quand le tonnerre grondera,
Sainte Fleur m'en préservera. »

« Le tonnerre de Dieu n'appartient pas aux saintes, »

Dit Antoine.— « Tais toi, » dit sa femme, et mains jointes
« Dieu ne t'entende pas ! »— « Que boivent-ils là-haut ?
Dit l'homme,—de l'eau donc !—Il paraît qu'il en faut ! »
Et triste, à la fenêtre, il disait : « Ça m'ennuie ! »

Des enfants, bec en l'air, dehors buvaient la pluie.

— « C'est un peu fort, grognait l'ivrogne ; oh ! — les canards !
… Femme, un verre de vin ! Ça rend les vieux gaillards ;
C'est le lait des vieux, quoi ! » — « Tu sais que l'on me loue
Notre âne, chez Sidoine ? » — « Oui, pour le puits à roue. »
— « Mais demain l'âne est libre, et tu n'aurais pas tort
D'aller aux champignons en cherchant du bois mort ;
Quoique vieux, Briquet porte encore charge double,
Mais ne le frappe pas, pauvret ! » — « … Ce fond est trouble,
Dit Antoine ; fais-moi passer un bouchon neuf ! »
Et l'homme s'endormit, rêvant qu'il était veuf.

Le lendemain, chargé comme un jeune âne ingambe,
Suivi de son patron qui traînassait la jambe,
Briquet, les paniers gros de glands, de romarin,
D'arbousier, de bruyère et de pommes de pin,

Descendait la colline et, trotteur sans reproche,

Briquet des quatre pieds, faisait feu sur la roche...

Le sentier retentit de son pas bien égal,

Et l'homme va, disant : « C'est l'âne du mistral ! »

Et l'âne gai, riant de son maître en lui-même,

File en vrai coup de vent, et le maître blasphème,

Et tous deux dévalaient les sentiers raboteux,

Faisant dégringoler les pierres devant eux,

Épeurant des oiseaux qui s'envolaient par bande,

Écrasant quelquefois fenouil, sauge ou lavande,

Violet poivre d'âne et thym bleu des lapins,

Dont l'odeur se mêlait, forte, aux senteurs des pins.

L'âne ayant faim faisait la descente pressée,

Et son maître, essayant de suivre sa pensée

Qui s'en allait avec son âne par devant,

Faisait : « Des champignons ! j'en ai cherché souvent ;

Je n'en trouvai jamais de si beaux, ni si vite !

Je sais chercher. En pareil temps, j'ai du mérite ;

Les tout premiers, — on les vend cher ; j'en ai beaucoup ! »

Il en portait cinquante, enfilés, à son cou.

Dans le clocher carré, là-bas sonnaient trois heures.

— « O l'âne ! il ne serait pas trop tôt que tu meures !
Hé ! — Tu m'essouffles tant, — que tout ce mauvais bois,
De la soif que j'aurai, je le boirai vingt fois ! »

L'âne au bas de la pente alla moins vite. — « Rosse !
Criait l'homme, je vais te marquer sur la bosse ! »
L'âne près du village arriva tout fourbu.
— « Nous rentrerons plus tard, lorsque nous aurons bu, »
Dit l'homme attachant l'âne au bec de la fontaine.
L'âne, étant bridé, but d'une langue incertaine.
— « Que c'est drôle, une bête ! il n'a pas soif du tout ! »

La masure d'Antoine étant à l'autre bout
Du village, il entra dans l'auberge sans crainte,
D'où sur l'heure il sortit avec sa bonne pointe,
Et, s'appuyant sur l'âne, il se mit en devoir
De rentrer, — mais, après quatre pas, il put voir,
Dans un chaix, — travaillant, la porte grande ouverte,
Un homme à son pressoir. — « Vous aurez de la perte,
Si vous travaillez seul. » — « Donne-moi donc la main, »
Dit l'autre. — Et plantant l'âne au milieu du chemin,
Antoine satisfait vint pousser à la barre.

— « Ça vaut un coup de vin, si tu n'es pas avare,
Dit-il ensuite ; allons, tâtons le vin nouveau. »
« Moi, je le crains, » fit l'autre. On ne craint rien que l'eau,
Dit Antoine qui but une forte rasade.
J'ai trop vu pleuvoir, hier ! — Adesias, camarade. »

Il repart. L'âne suit. Mais, quelques pas plus loin,
Deux pressoirs ! en plein air ! — « Eh ! n'a-t-on pas besoin
D'un coup de main, par là ? » — «Tiens, Antoine l'ivrogne!...
Nous suffisons tout seuls, compère, à la besogne. »
Puis voulant s'égayer : — « Veux-tu tâter le vin ? »
— « Pardi, si je le veux ! » — « Eh bien, bois dans ta main! »
Il le fit, chancelant déjà. Chacun de rire.
Il repart ; il chantonne, et la tête lui vire.
Et là-bas, où la rue et la route font croix :
— « Saints du ciel ! Jésus Dieu ! ho ! qu'est-ce que je vois! »
Car, de quelque côté qu'il tourne sur lui-même,
Il a vu rougeoyer partout ce vin qu'il aime !
Partout, ici, plus loin, les pressoirs en grinçant
Font couler la liqueur trouble et couleur de sang.
Les presseurs que le vin grise par les narines,
La barre dans leurs mains, les mains sur leurs poitrines,

Les jambes en arrière et le buste en avant,

Poussent de tout le corps, et s'arrêtent souvent

Pour mieux rire d'un mot, — car c'est gai, la pressée !

L'âme du vin qui sort de la grappe écrasée,

Au-dessus du pressoir monte dans l'air joyeux,

Met le rire à la lèvre et l'étincelle aux yeux.

Le baquet qui reçoit la liqueur rouge, — chante !

Et l'ivrogne étonné, que cette vue enchante,

S'arrête et dit : « Amen ! Que votre volonté

Soit faite, seigneur Dieu, de toute éternité !

En ce jour le bon vin pleut comme l'eau la veille ! »

Et, sur l'âne adossé, l'ivrogne s'émerveille.

Les champignons qu'il porte, enfilés en collier,

Et qu'il s'ôta du cou tout à l'heure au cellier,

S'égrènent dans ses doigts, émiettés sur la route :

— « La mer serait de vin que je la boirais toute !

Dit-il. — Monsieur le maire a mis avec raison

Des fontaines de vin devant chaque maison !

Mais ça ne dure pas, non ! (et sa voix s'enroue) ;

Les pressoirs s'en iront !... pas un qui n'ait sa roue ! »

13.

La première pressée est pour le vin nouveau ;
L'autre fait la piquette : on y mêle de l'eau ;
Ce qu'Antoine voyant, bientôt jure et s'indigne.
— « Le plus beau des présents de Dieu, le jus de vigne,
Vous le gâtez ! fit-il. S'il se peut ! Ils sont fous ! »

Jacque vint à passer.

— « Allons, rentrez chez vous,
Grand malheureux ! dit-il ; vous rassemblez le monde. »

Chaque rue, en effet, s'appelant à la ronde,
Femmes, enfants et vieux, de tous les coins venus,
Tous, même les presseurs aux bras rouges et nus,
Regardaient le bavard, l'ami de Dame-Jeanne,
Qui parlait seul et haut, — s'adossant à son âne.

Et, juste vis-à-vis, Jacque venait ce soir
Porter au forgeron la barre d'un pressoir.

« Ça n'est pas de chez nous ! dit-il, montrant l'ivrogne.
Le pays n'en fait pas ! »

— « Approche ! — Quand je cogne,
Dit Antoine, on me dit que j'ai peu de pareils !...
Je te connais ; c'est toi le donneur de conseils !
Avec sa barre, il vient pour m'assommer, brave homme !
Approche ! et parions que c'est moi qui t'assomme ! »

Antoine menaçant faisait de mauvais yeux,
Et sa mine écartait les enfants curieux.

— « Avec des mots pareils, dit Jacque, tu fais croire,
(Prends-y garde, mon homme !) à la méchante histoire ! »

— « Que veux-tu dire ? » — Antoine approcha, poing fermé.
« Parle ! »

— « Le dernier feu, qui l'avait allumé,
Dans les Maures, bandit ? O marrias, prends garde !
Si c'est les gens d'en haut, passe, ça les regarde :
Ils réclament le droit au bois mort des forêts...
Mais si tu l'as fait, toi, c'est que tu te vendrais !
Il faut aimer le vin, pour risquer les galères ! »

L'autre se rapprocha, pâle, plein de colères...

— « Va-t'en, nez de piment, piémontais ! »

A ce mot,
Antoine hors de lui, jurant Dieu comme il faut,
Voulut sauter sur Jacque, — et roula dans la rue.

— « Qu'y a-t-il donc ici ? » dit Miette accourue.
Les gens lui firent place, et les rires cessant :
— « Je te retrouverai, Jacque ! je veux ton sang !
Et je te presserai tant fort si je t'attrape,
Que tu ne vaudras pas la piquette de grappe ! »

Miette se crut morte. Elle dit : « Viens, Briquet ; »
Prit l'âne par la bride et, pâle, suffoquait.
L'homme marcha, suivi par les enfants sans âme.

« Pechére ! — C'est un vrai malheur ! dit une femme. »

DEUXIÈME PARTIE

CHANT III

EN CHEMIN

PRÉLUDE

LE SEMEUR

LE SEMEUR

PRÉLUDE

Que portes-tu dans ta ceinture,
Dans ton sac noué sur tes reins?
Est-ce de l'or par aventure?
« Non, passant, c'est un sac de grains. »

Paysan qui vas par la plaine,
Et vas si droit, quoique voûté,
Que tiens-tu là, dans ta main pleine?
« C'est du blé de toute beauté. »

Le blé c'est du pain, mon brave homme.
A qui portes-tu ton trésor?
As-tu pour une grosse somme,
De ce beau blé, couleur de l'or?

Mais, — le bras levé, — la main lance
Le grain qui vole en éventail,
Et le paysan, en silence,
De l'aube au soir fait ce travail..

Les oiseaux croient, venus par bande,
Et d'heure en heure plus nombreux,
Que ce bras levé leur commande
De partager les grains entre eux!

Mais lui, tirant du sac de toile
Le blé sonore à l'or pareil,
Dès l'aube il le lance à l'étoile,
Et tout le jour vers le soleil.

Le soir vient. L'homme qui chemine
Lance toujours la graine aux cieux...
— Paysan qui courbes l'échine,
On est donc fou quand on est vieux!

LE SEMEUR.

Il me dit : « La terre m'appelle :
« *La mère demande à couver.*
« *Mon grain pesant retombe en elle*
« *Qui saura le faire lever.*

« *Qu'elle est vieille, lasse et féconde!* »
— Ah! ce que tu tiens dans ta main,
Maître, — c'est la force du monde !
C'est tous les hommes de demain!

CHANT III

EN CHEMIN

Tantôt Noré se bat pour Miette : elle espère.
Tantôt son père insulte et veut battre le père
De Noré : tout l'espoir qu'elle avait n'est plus rien.

Un temps loin du pays peut me faire du bien,
Songe-t-elle, et voilà qu'un matin — la petite
Dit : « Si cela vous plaît, mes parents, je vous quitte.
J'irai chez les Arnaud qui seront bien contents,
Et j'aiderai pour les châtaignes ; c'est le temps.

Il doit y en avoir sous les feuilles, à terre !
Je pars. » — La mère dit : « Il faut la laisser faire. »

Le père grommela. Le chemin était long !
Une fille, courir la plaine et le vallon !
On l'aidait, lui, si bien ! Il comprenait sans peine
Que Miette partît pour aider sa marraine !
Le compère avait-il besoin de ce secours ?
Les plus gros accidents se voyaient tous les jours ;
Les sentiers étaient pleins de chasseurs à cette heure,
Et de pâtres... Enfin, qu'elle parte ou demeure,
Il s'en moque ! pourvu qu'il soit servi chez lui.
... « Et quand pars-tu ? » — « Si vous le voulez, aujourd'hui. »
Il répondit : « C'est bon ! — Que le diable t'emporte ! »

L'âne est bâté, sanglé, bridé, devant la porte ;
Le panier double aux flancs, il attend, le cou bas.
La mère de Mion ne se fatigue pas
D'expliquer les sentiers les plus courts à sa fille :

— « Fais bien des compliments à toute la famille,
Dit-elle enfin ; n'as-tu rien oublié ? » — « Non, rien. »

— « Voilà les six melons d'hiver. Tu diras bien
Que je les ai choisis plus beaux que pour les vendre.
Et voilà ton dîner, figues sèches, (pain tendre!)
Et piquette. C'est bien. Et tu n'oublîras pas,
En présentant les trois paires de petits bas,
De faire à la commère une bonne caresse! »

Et Mion suit déjà son âne qu'elle presse,
Quand sa mère lui crie encor de loin : « Mion !
Embrasse bien l'enfant, et fais attention
Que j'ai tenu les bas un peu grands pour son âge !
C'est mieux ! » Mion n'en veut pas savoir davantage,
Mais Antoine poussant la fenêtre à grand bruit :
— « Surtout, rapporte-nous un peu de leur vin cuit ! »

Leurs cruches à la main, les filles, sur la place,
A la fontaine, ont ri de voir Mion qui passe :
— « Ah ! ah ! oh ! oh ! où va la belle, si matin ! »
Et plus d'une a fait pis que pendre, — c'est certain, —
Qui jase le plus fort, le plus haut, sur son compte !
Pour mieux cacher son jeu, — qui sait même ? sa honte, —
Plus d'une rit, mauvaise, en la montrant du doigt !

Qu'on parle d'elle ainsi, pécaïre ! elle le voit,

Et se hâte : « i, Briquet ! » Depuis la farandole,

C'est ainsi tous les jours ; c'est à devenir folle !

Elle se dit qu'elle est heureuse de partir,

Qu'il fallait qu'elle parte. Il le faut, sans mentir.

« Va donc vite, Briquet ! » Mais non, le gueux s'arrête.

« Hue, âne ! Partons vite. » Ah ! oui ! Briquet s'entête,

Et braille. Il ne sait pas que la pauvre a besoin

De quitter ce pays et de se sentir loin,

Et d'oublier Noré d'abord, Norine ensuite,

Et Finon, et son père, et tout ! — « Marche donc vite,

Bourriquet ! » — Cris et coups. — Briquet n'obéit pas,

Et le gueux, tout à coup, revenu sur ses pas,

Court boire à la fontaine au beau milieu du monde

Et des mots à deux sens qui partent à la ronde,

D'où Miette, affrontant plus d'un mauvais lardon,

Le dut à contre-cœur tirer par le bridon.

Et plus loin, sur leur banc, les vieux à leur coutume

Étaient tous assis, — l'un qui dort, l'autre qui fume, —

Au soleil, adossés contre le mur tiédi,

Près du palmier qui vient dans ce coin au midi,

Dominant de son front deux ou trois lauriers-roses,
Mais ces vieux, si fâchés du train nouveau des choses,
Voyant passer Mion, ces vieux pleins de sommeil
Riaient à sa jeunesse et sentaient le soleil !

Enfin elle est en route, et près de la rivière.
L'âne va d'un pied vif, et Miette, en arrière,
Une aiguille aux cheveux, sous son chapeau, — d'un pas
De jeunesse, le suit en tricotant son bas.
Mauvais travail, qui met l'esprit en songerie.
En passant aux Trois Pins elle se signe et prie !
« Mon Dieu, délivrez-moi du mal d'aimer Noré. »
Mion depuis un mois ne l'a plus rencontré ;
Il est vrai qu'elle y prend peine ! Et la fille songe,
Repassant en détail le chagrin qui la ronge.

Comme c'est malaisé de s'arracher l'amour !
Elle fait ce qu'il faut cependant. L'autre jour,
Pour l'éviter, elle a, — se cachant dans la haie, —
Attendu que le gars fût au bout de sa raie.
Qu'il était fier ! le col défait, poitrine au vent,
Guide nouée au bras de l'araire, — élevant,

Selon le creux, baissant le soc avec adresse,

Calmant le mulet vif ou piquant sa paresse,

Car si ce gueux, planté, n'avançait plus du tout,

Il ramassait un peu de terre tout à coup,

Pour la lancer avec des jurons de colère

Au fainéant fouetté par les mottes de terre.

Mion de sa cachette ainsi voyait Noré

Tracer droit le sillon de son bras assuré,

Et la terre s'ouvrir, fumante, belle, rousse,

Montrant le mauvais germe en travail, qui repousse,

Mais s'offrant toute prête à couver le bon grain.

Et Noré chantonnait pour soutenir l'entrain,

Et la fille entendait aussi, haut sur sa tête,

Dans le ciel d'aube, frais, plein d'éclat, tout en fête,

Haut, bien haut, — comme un point noir dans le bleu de l'air, —

L'alouette, montante au soleil, chantant clair.

Chaque saison chérit sa bête consacrée.

L'été jaune a chez nous la cigale dorée,

Ame des blés, vêtue aux couleurs du soleil ;

Le brillant papillon, à la fleur si pareil,

Est au printemps, tisseur de roses et de soie ;
Et l'automne et l'hiver n'ont d'heureux que ta joie,
Alouette ! — C'est toi qui dis : Le jour ! le jour !
Au paysan qui doit reprendre son labour ;
Ton chant, si haut perdu, cependant l'accompagne
Dans le sillon perdu si bas dans la campagne ;
Sous ta robe, couleur de terre et de bois mort,
Ton cœur gaulois, ton cœur de paysan bat fort,
Et ton gosier perlé, du haut du ciel de France,
Sème comme grains d'or des trilles d'espérance !

Et toi, terre d'automne, et toi, terre d'hiver,
Quand ton flanc maternel est déchiré du fer,
Ou frissonne de froid sous le blé court qui pousse,
Blottie en tes sillons, l'alouette t'est douce !

Jacque suivait Noré, le sac autour des reins,
Le dos plié, le front levé, puisant les grains
Dans le sac, et jetant sur sa trace à main pleine
Le pain futur, — tandis que de toute la plaine
Hoche-queue, alouette et moineau, par long vol
Accouraient, s'abattant comme grains sur le sol ;

S'épeurant quelquefois tous ensemble d'eux-même,

Mais revenant toujours suivre l'homme qui sème,

Car ils connaissent bien, en marchant dans ses pas,

Qu'il répand de la vie à chaque tour de bras !

Et des voisins, passant par là, disaient au maître,

Pour plaisanter : « Alors ? vous êtes fous peut-être,

De jeter votre bien aux quatre vents du ciel ! »

Et tous riaient, l'espoir étant l'essentiel.

... Et Miette se dit qu'elle est sans espérance,

Sans amour, sans moisson, sans bien, toute en souffrance!

Jamais elle n'a mieux compris qu'elle n'a rien

Qu'en voyant maître André, pour féconder son bien,

Prêt à lancer les grains de sa main toute grande,

Lever son bras, — de l'air de quelqu'un qui commande,

Tandis que ce Noré, qui la met en souci,

Guidant sa bête, — avait un air de maître aussi,

Et lui semblait, pressant les deux bras de l'araire,

Tenir comme un timon à gouverner sa terre !...

Ainsi Miette fait mille songes tout bas,

Toujours suivant son âne et tricotant son bas.

Autour d'elle parfois la route toute entière

Dans un coup de mistral cheminait en poussière ;

Puis le mistral tombait ; alors un autre vent

Soufflait, mais aussi fort ! un mistral du levant !

C'est l'automne, le temps où la lumière est blanche.

Le feuillage éclairci montre toute la branche ;

Et par plaine ou montagne on voit des tourbillons

De pampres rougeoyants, de feuilles, — d'oisillons

Dont le cri fuit perdu dans la plainte des bises.

Tout là-haut, en plein ciel, par des routes précises,

Les oiseaux voyageurs poussent contre le vent,

Vers l'ouest, les plus vieux par côtés et devant,

Leurs bataillons formés comme un soc de charrue.

C'est d'abord le ramier ; plus tard l'oie et la grue.

L'étourneau moins prudent passe en désordonné.

Toujours seul, curieux et toujours étonné,

De taillis en buissons le rouge-gorge arrive,

Et vive et prompte, presque invisible, la grive

Aux grands yeux, ne paraît qu'au fin jour et le soir.

Mion marche, rêvant, tricotant, sans rien voir.

Lorsque des gens passaient : — « Bonjour la compagnie ! »
Et ces gens se disaient : « La petite est jolie,
Mais elle a comme un air de tristesse. » Mion
Travaille au bas sans y mettre d'attention,
Mais d'être si pensive elle baisse la tête
Et ne voit rien, — et c'est l'âne enfin qui s'arrête.
Il a soif, il a faim. Elle ôte le bridon.
Le gueux ! C'est près d'un puits où pousse le chardon.
Elle aussi boit et mange, et se remet en route :
« Hue ! » et la songerie encor la reprend toute,
Et sans rien voir de plus, comme le soir tombait,
Qu'un vieux pâtre étendu, flûtant du galoubet
Aux chèvres qui broutaient tintant dans les bruyères,
Elle se reconnut près de Collobrières.

DEUXIÈME PARTIE

CHANT IV
LA VERNE

PRÉLUDE
L'HERBE D'AMOUR

L'HERBE D'AMOUR

PRÉLUDE

Par les bois, où s'en va la belle,
Le soir, le jour, de bon matin?
Même la nuit, que cherche-t-elle?
Le laurier, la sauge ou le thym?

Si c'est le trèfle à quatre feuilles
Que tu vas cherchant tout le jour,
Dis-nous, la belle, où tu le cueilles?
« — Non, monsieur; c'est l'herbe d'amour. »

Ah ! mauvaise herbe vite pousse !
Celle-ci vient comme un poison.
On dit qu'elle est amère et douce ;
On la cueille en toute saison.

Dans tous les pays de la terre,
L'herbe d'amour verdit, fleurit.
Elle aime le coin solitaire
Où le rossignol fait son nid.

Sur les toits, avec les colombes,
Les moineaux la becquent parfois ;
On la voit verdir sur les tombes
Dans le clos où poussent les croix.

Qui dit amour dit herbe folle,
Fleur de folie et d'abandon,
Qui dans le vent s'envole et vole
Comme l'aigrette du chardon.

Sur la mer, à bord du navire,
On la voit passer dans le vent...
Peut mourir qui trop la respire
Car elle germe au cœur vivant !

L'HERBE D'AMOUR.

Elle viendra dans ton cœur même,
Sans que tu puisses l'arracher ;
Le vent, qui va partout, la sème
Dans le sable et sur le rocher.

Ne la cherche pas tant, ma belle ;
Tu pourrais ne la trouver pas !
Mais quand tu ne voudrais plus d'elle
Elle verdirait dans tes pas !

C'est la mauvaise herbe vivace
Qui console en donnant la mort...
Les glaciers en ont sous la glace ;
Elle est au Sud, elle est au Nord !

C'est le gui, peut-être le lierre,
Et, nous morts, tant qu'il fera jour,
Verdira sur notre poussière
L'herbe d'amour, l'herbe d'amour !

CHANT IV

LA VERNE

Le compère au village ayant de bons amis,
Briquet y fut reçu lit fait et couvert mis.
— « A la paille, Briquet ! — Mion, prends la lanterne.
Demain tu partiras à l'aube pour la Verne
Où les Arnaud,— depuis deux, trois ans, — sont fermiers.
C'est le temps du travail sous leurs vieux châtaigniers :
Tu leur feras plaisir d'arriver à cette heure...
Tiens, Bourriquet, voilà ma paille la meilleure;

Mange et dors. — Toi, ton lit, Miette, n'est pas loin :
Sur sa tête, au grenier, près du trou pour le foin ;
Tu l'entendras chanter peut-être en rêve, et braire !...
Maintenant nous allons souper ; adieu, mon frère ! »

Et l'on rentra souper (sans soupe), d'un lapin
Sauvage et d'un perdreau, tués de ce matin,
Car ces gens, bouchonniers par état, — c'est la mode
De l'endroit, — et chasseurs par goût, trouvent commode,
Chez eux, de travailler le liège, — et plusieurs fois
Par jour, d'aller courir sous les lièges des bois !
La salle, où se dressait la tablée, était pleine
D'écorce en tas, — ayant encor forme de chêne, —
De bouchons, grands, petits, pour fiasques, pour tonneaux,
De légers débris ronds pareils à des anneaux,
Et de grands couperets aux larges lames pures,
Et tout le monde avait les doigts noirs de coupures.

— « Vois-tu, l'on peut manquer de bouteilles chez nous,
Mais de bouchons, jamais ! » — Et ces gens riaient tous.
— « Riez, dit le plus vieux ; mais nous sommes malades :
La vigne meurt ; le liège en mourra, camarades !

Bandol, qui fabriquait des futailles tout l'an,
Chôme vingt jours par mois ! » — « L'ancien, le mal est grand
Mais on eut toujours peur de quelque chose au monde :
Et le vieux vit encor ! » — Et l'on but à la ronde.

A l'heure de dormir : — « O Miette, — demain,
Tu pourras rencontrer des bœufs sur ton chemin.
Les Maures en sont pleins. Dans les tournants, prends garde ;
Et passe sans courir si l'un d'eux te regarde.
Et des coups de fusil ne t'épouvante pas :
C'est chasse au sanglier, de ces côtés là-bas. »

Le jour qui pointillait trouva Miette en route.
De rosée et de froid l'herbe blanchissait toute ;
Un vent d'aube courait des roches aux buissons,
Glacial ; l'olivier pâlissait de frissons,
Faisant voir l'envers blanc de sa feuillure grise,
Et le vallon chantait comme un torrent de bise !

Miette, laissant là le tricot pour l'instant,
Suivait l'âne à grands pas dans le sentier montant

Qui tournait, contournait, puis se tournait encore,
De colline en coteau, pierrailleux et sonore.
Les perdreaux caquetant sonnaient au fond du bois ;
Miette en vit partir sur ses pas plusieurs fois ;
Et devant que l'aurore eût rosi la colline,
Elle entendit chanter l'oiseau qui la devine,
Le rouge-gorge, au cri qui pétille, — pareil
Au bon feu de sarment qui parle du soleil.
Chaque arbousier, portant fruits rouges et fleurs blanches,
Portait un rouge-gorge aussi, qui dans les branches
Sautait, piquant les fruits dont il a les couleurs,
Gai dans la feuille verte et dans le blanc des fleurs,
Et quand le jour parut, rouge comme une forge,
Sous bois, — tout grésilla des cris du rouge-gorge.

Puis le jour se fit blanc, puis chaud. Dans les sentiers,
Le thym, le romarin, crenillaient sous les pieds.
Miette monte, et sent que le soleil la gagne.
Dans le vallon le froid, le chaud sur la montagne.
Voici, sur un plateau, qu'elle traverse un bois
Tout noir de l'incendie, et même dans ce mois
Il vous tombe un soleil si dur qu'elle put croire

Qu'un feu veillait encor sous cette terre noire.

Et Miette marcha plus vite tout à coup :

De voir ces pins muets, ces cadavres debout,

Nus et si noirs, perdant des écailles d'écorce,

Seuls, sans oiseaux, maudits et séchés dans leur force,

Elle avait peur, — et puis elle songeait un peu

A son père qu'hier on accusait du feu !

Elle passa le pont de terre et de bruyère,

Sur le petit torrent d'où l'eau saute en poussière.

C'est plus loin, — mais au bord de ce même torrent,

Desséché jusqu'au roc par un août dévorant

Capable d'avaler milles sources pareilles, —

Quand l'air tout blanc n'est plein que de flamme et d'abeilles,

Qu'on rencontra, couché sur le flanc, un taureau,

Langue tirée, et mort en meuglant après l'eau...

Mais avant de mourir fou de soif et de rage

Il avait fait grand'peur à des gens du village.

Elle le sait, Miette, et redouble le pas...

La sente est à mi-côte, et voici jusqu'au bas,

Jusqu'au sommet du mont qu'elle suit à mi-côte.

Les grands, grands châtaigniers, la forêt large et haute,
Si vieille ! — En ce moment, tombent feuilles et fruit,
Et Briquet et Miette y marchent à grand bruit.
Par delà le vallon, sur la colline en face,
Rien que des rochers gris où seul le soleil passe :
C'est le Sud ; mais ici, sur le versant du Nord,
Le bois de châtaigniers vieillit, toujours plus fort.
Des troncs blancs, un sur deux est noirci du tonnerre,
Mais la branche qu'un jour la foudre a mis par terre
Y prend racine, et fait des châtaigniers nouveaux,
Pleins d'élan, de verdure au printemps et d'oiseaux.
Chaque tronc creux pourrait cacher une personne ;
Et la vieille forêt, toujours plus jeune, donne
Ses fruits, ses lits de feuille ou son ombrage frais...
Nos derniers sangliers vivent dans ces forêts.

... « Mon Dieu, ma mère ! » — Juste au détour de la sente,
Immobile et debout, un bœuf noir se présente,
Broyant des liserons en grappe suspendus
A son mufle, — et Miette : « Aï ! nous sommes perdus ! »
Le bœuf est là. Briquet s'arrête et plus ne bouge.
Et Mion veut s'ôter du cou son foulard rouge,

Ce foulard de Noré, — qui lui porte malheur !

Mais l'âne va tirer sa part d'herbes en fleur !

Et le taureau fâché baisse déjà la tête...

« Au secours ! » Mion crie ! et voit bondir la bête

Par côté... Briquet suit... Et juste à ce moment

Où le sang lui tournait, sans avoir sentiment

Que de sa peur, Miette a vu — quelle rencontre ! —

Accourir Noré !... oui, c'est Noré qui se montre !

Il chasse au sanglier, le gars, — et, tout courant,

Il reconnait Miette, et dans ses bras la prend...

Il l'emporte ! il la sent tout entière ! elle tremble ;

Leurs yeux se sont troublés ; leurs cœurs battent ensemble !...

Et quatre pas plus loin, le couvent apparaît,

Caché d'abord par les grands bras de la forêt,

Et puis tout habillé de verdure et de lierre...

Miette frémissante a parlé la première :

— « Où veux-tu me mener ? » — « Tais-toi ! » dit le galant,

Et lui-même se sent tout pâle et tout tremblant.

Il pose l'épeurée à terre. — « Ah ! lui dit-elle,

Où sommes-nous ? » — Mais lui : « Miette est la plus belle ! »

— « Où sommes-nous ? » — Il dit : « Miette est dans mes bras ! »

« ... Adieu, Noré ! » Mais lui : « Non, tu m'écouteras ! »

Ils sont au beau milieu de quatre murs antiques.
Elle voit un enclos carré, fait de portiques,
En marbre du pays, vert et noir, des plus beaux,
Mais qui fait trop penser aux pierres des tombeaux,
Et c'est dans ce jardin, plein d'ortie et d'avoines,
Que dorment enterrés les prieurs et les moines.

— « Allons-nous-en d'ici ! l'herbe y vient sur les morts...
Va-t'en, je ne veux pas ! » — Mais entre ses bras forts
Il la presse, tendant sa bouche, qu'elle évite.
A son souffle, il frémit ; du trouble, elle palpite ;
Elle détourne encor sa tête du baiser,
Mais lorsque sur sa lèvre il vient à le poser
Elle se sent faiblir, il sent que son corps ploie :
Comme blessé, — le couple a chancelé de joie,
Et tombe, mort vivant, dans l'herbe enseveli.

O minute de mort qui contient tout l'oubli !

Ce n'est pas le printemps ; pourtant vous êtes vertes,

Plantes dont autour d'eux les tombes sont couvertes !
L'oiseau n'a pas son nid ; pourtant il a chanté !
C'est de voir tant d'amour, de force et de beauté.

... O moines qui dormez, bras croisés, sous la terre,
Dans la ruine en fleur du cloître solitaire,
O cloître fait exprès pour attrister le jour,
Tombeaux ! — vous voilà donc les témoins de l'amour !

Ils avaient dit : « La femme est comme un vase immonde,
Plein de péché. L'amour est le crime du monde.
Satan, le monstre vert, est partout, : fuyons-le !
Fuyons tout ce qui plaît aux regards, azur bleu,
Roses roses, blancheurs d'enfants, rires des vierges,
Et vivons dans la tombe à la lueur des cierges. »
Tels, sous le capuchon, blêmes, le front penché,
Frappant un cœur saignant des désirs du péché,
Cilice au flanc, rosaire aux doigts, ceints d'une corde,
Murmurant nuit et jour : « Seigneur, miséricorde ! »
Pour mériter la joie et le ciel des élus,
Pour vivre après ce monde, ils ne vécurent plus.

Elle est venue un jour vous toucher de son aile,

Moines, la pâle Mort, votre amante éternelle !

Elle a pressé vos yeux avec son doigt de plomb,

Et baisé votre lèvre, et baisé votre front.

Que vous a-t-elle dit, aux nuits de ses approches,

Quand le *Dies iræ* pleurait avec les cloches,

Moines ? Qu'a-t-elle fait pour vous qui l'aimiez tant ?

Dans son lit — dormez-vous avec le cœur content ?

Fîtes-vous bien, vivants, d'avoir pour fiancée

Cette grande ombre, en deuil comme votre pensée,

Quand plein de désir d'elle et de crainte à la fois,

La redoutant du cœur, l'appelant de la voix,

Vous disiez à Celui qui demandera compte :

« Reste avec nous, Seigneur ! parce que la nuit monte »?

O moines, nul ne sait ! — Mais si le noir couvent

En ce jour appartient à l'air libre et vivant,

Aux oiseaux dont frémit la verdure immortelle,

C'est Elle, votre amour, qui l'a voulu ! c'est Elle, —

Pour qui vous habitiez dans l'ombre, — c'est la Mort

Qui, heurtant votre seuil familier d'un pied fort,

A fait taire à jamais vos matines funèbres,

Et qui, crevant à jour vos voûtes de ténèbres,

Livre aujourd'hui, pendant votre profond sommeil,
Vos tombes à l'amour, tout le cloître au soleil!

Mais lui, le couple heureux, voit-il son sacrilège?
Ils sont jeunes. Cela dit tout; que vous dirais-je?
... Si le soupir d'amour vous effleure un cheveu,
Étant jeune, on frissonne et l'on est avec Dieu.

O puissance d'amour! Amour dans la jeunesse!
Le monde, si c'est toi qui veux qu'il disparaisse,
Disparaît! — Elle avait pourtant assez souffert,
Miette, pour l'amour qui maintenant la perd!
Des soucis, des chagrins et de la jalousie
Elle avait eu pourtant la part qui rassasie!
Eh bien! non, tout cela, voyez-vous, n'était rien!
Amour! poison d'oubli! fait de mal et de bien!
Qui peut y résister? qu'est-il? qui peut répondre?
Le monde y jetterait son âme pour la fondre
S'il n'avait pas la peur d'un Dieu prêt à punir,
Et dans ce qui fait naître il voudrait se finir!

Le gros chien de Noré, Flambeau, levant la tête,

Accourut, jappant clair, sautant, la queue en fête...
Et tout à coup Mion, de ses yeux grands ouverts,
Regarda de nouveau les murs, les lierres verts,
Cette terre de tombe et ces arceaux, les ombres
Au fond du cloître, et vit dans un mur en décombres,
Par un grand trou béant, — le midi, le plein air,
Saint-Tropez tout là-bas qui luisait sur la mer,
Et, se sentant venir une honte profonde,
Pleura de se revoir encore de ce monde.

DEUXIÈME PARTIE

CHANT V
LE FOULARD ROUGE

PRÉLUDE
LE CŒUR AU VENT

LE CŒUR AU VENT

PRÉLUDE

J'ai fait de mon cœur trois morceaux,
Et pourquoi? pour une parole!
Vole, vole, vole, ah! mon cœur vole!
Le premier morceau qui s'envole
Ce fut pour les nids des oiseaux.
Vole mon cœur en trois morceaux,
Vole mon cœur, vers l'oiseau vole!

J'ai mis mon cœur en trois lambeaux
Pour un baiser qui me rend folle.
Vole, vole, vole, ah! mon cœur vole!

Le second morceau qui s'envole
S'accroche aux buissons des tombeaux.
Vole mon cœur en trois lambeaux,
Vole mon cœur, au tombeau vole!

En trois lambeaux, en trois morceaux,
J'ai mis mon cœur et m'en désole.
Vole, vole, vole, ah! mon cœur vole!
Le troisième morceau qui vole
N'est pas pour vous, oiseaux, tombeaux.
C'est pour qui m'a fait tous mes maux!
Vers mon ami mon cœur s'envole!

Il faut peine et pitié, comme Miette ! — En somme,
Elle est déjà plus femme, elle, que tu n'es homme.
Tu n'as pas réfléchi sur toi-même, garçon.
Tu vis, bras au travail, esprit à la chanson,
Mais en riche après tout, sans connaître de peine,
Et tu suis ton plaisir où le hasard te mène.
Pourtant tu n'es pas sot, certes non, ni méchant,
Fier Noré ; tout d'abord on t'aime en t'approchant ;
Mais ton cœur n'est pas fait, ton âme n'est pas faite ;
Le bon conseil se fausse en entrant dans ta tête,
Et tu ne guides point tes instincts emportés !
Tantôt, lorsqu'en sueur, tous les sens agités,
Tu l'as prise en tes bras, l'enfant, comme une proie,
Ton cœur de chair battait à se briser de joie !
Mais ta jeunesse seule a commandé ton sang ;
Seule elle enflait ton sein de son soupir puissant,
Et seule te faisait une beauté sauvage,
Quand l'amour de Miette éclairait son visage.
Ah ! si tu n'en sais rien, un jour tu le sauras
Qu'un brave cœur battait sur le tien dans tes bras,
Et quand ton jour viendra d'approfondir les choses,
Tu comprendras quels mots gardaient les lèvres closes

CHANT V

LE FOULARD ROUGE

Et maintenant, Noré, que te sens-tu dans l'âme?
As-tu changé d'idée? as-tu choisi ta femme?
L'amour de cette enfant, l'amour vrai, l'amour fort,
Entre-t-il dans ton cœur? ou ton cœur est-il mort?...
Il n'est pas même né, le cœur d'homme en toi-même,
Garçon! tu ne sais pas encor comment on aime.
Tu n'as que tes vingt ans encor, un sang trop chaud,
Mais pour aimer c'est plus, mieux que cela qu'il faut :

Non ; il l'a seulement emportée en courant
Comme un loup fait, la nuit, d'une brebis qu'il prend,
Et la peur et l'amour lui troublaient tant la tête
Qu'elle n'y voyait plus, et sa misère est faite !

Après tout, son malheur, jusqu'ici, n'était rien.
Elle aimait sans espoir quelqu'un trop riche en bien,
Elle trop pauvre, avec un père qu'on méprise ;
Elle n'avait donné qu'un baiser par surprise,
Et reçu ce maudit mouchoir en souvenir ;
Rien de plus ; si cela l'avait tant fait souffrir
Ce n'était que de crainte et d'amour, — des idées !
Les choses pouvaient être encore accommodées,
Jusqu'ici ; rien n'était perdu ; tout son tourment,
Noré pouvait encor l'effacer en l'aimant ;
Rien ne montrait encor qu'un beau jour, fait plus sage,
Noré ne lui vînt pas parler de mariage ;
Et ne le fît-il pas, au fond de son ennui,
Malgré tous les malheurs qui lui venaient de lui,
Et les mauvaises gens qui mentaient sur son compte,
Après tout, elle était malheureuse, sans honte,
Tandis que maintenant,... pardonnez-lui, mon Dieu !

Où Miette t'offrait sa vie avec l'amour.

En attendant, — sois dur! Il viendra bien, ton jour.

Un coup de feu sonna dans les échos des roches,

Et Noré, qui craignait les pleurs et les reproches,

Dit : « Je dois m'en aller, rejoindre les amis. »

Dans ses yeux grands ouverts qui semblent endormis

Elle sèche ses pleurs, regardant comme en rêve

Noré qui dit : « Je pars, il le faut; » et soulève

Un lierre, — et disparaît, sifflant son chien Flambeau,

Et Miette se voit seule dans ce tombeau.

Pour la seconde fois alors son cœur éclate;

Elle mouille de pleurs le foulard écarlate,

Le mord, — et le pressant déchiré dans sa main :

« Ah! si ce bœuf m'avait massacrée en chemin,

En voyant ta couleur de sang! si j'étais morte,

O présent de malheur, parce que je te porte,

Maintenant je serais en paix sur le coteau,

Comme ce pauvre bœuf mort en désirant l'eau! »

Car elle comprend bien, maintenant qu'elle y songe,

Qu'il n'a pas même dit : « Je t'aime, » par mensonge;

A l'air froid dont Noré vient de lui dire adieu,
Elle a compris d'un coup sa misère et sa faute !
Elle ne pourra plus marcher la tête haute,
Et se sentir l'orgueil d'elle-même ! aï ! Seigneur !
Ce galant sans amour l'a faite sans honneur !

Tous les garçons sont fiers d'être la force même.
Vous êtes, vous, la grâce, — et la force vous aime,
Jeunes filles ! — Pourtant, quand ils vous parleront
Si bas que la rougeur vous couvrira le front,
Quand ils vous diront : « Viens, ce soir, à la fontaine,
Ou près du bois, » alors, — chose étrange et certaine, —
Ces forts ayant perdu leur force en vous aimant,
Ce qu'ils voudront de vous pour vous chérir vraiment,
Filles, — c'est qu'au désir de feu qui les emporte,
Votre grâce d'enfant s'oppose, et soit plus forte !
De ce qu'ils demandaient le refus leur est cher.
C'est le secret de Dieu ; le secret de la chair.
Repousse donc l'amant pour être épouse, fille.
Sois plus forte que lui, — pour fonder la famille,
Ou le gueux se dira, lui qui faiblit toujours :
« J'ai peur de sa faiblesse ! Elle est prompte aux amours ! »

L'amour qu'il veut de toi, l'homme t'en fait un crime,

Et chargé de sa faute, il te voudrait sublime,

Parce qu'il rêve, au sein qui doit former ses fils,

La force du lion et la candeur du lis !

C'est pourquoi, si tu crains ta faiblesse, petite,

Quand il parle d'amour, marche vite, cours vite,

Va, feins de te cacher sous le saule ou l'ormeau...

Alors il t'atteindra pour t'apporter l'anneau !

Mion n'en voit pas tant dans sa pauvre pensée ;

Mais le cœur tout ému, la poitrine oppressée,

Elle sent bien qu'au lieu de s'approcher de lui

Elle éloigne Noré d'elle-même aujourd'hui !

Elle pleure à sanglots, comme une Magdeleine...

L'amour vrai lui viendrait s'il pouvait voir sa peine,

Car l'amour vrai pardonne à tout, — même à l'amour !

Mais Dieu seul voit son cœur aussi pur que le jour.

Miette a sangloté si haut qu'une chouette,

Abandonnant son mur, s'envole sur sa tête,

Et Mion s'épouvante et voit dans son esprit

La tête de Finon qui s'envole et qui rit :
« Flic! flic! floc! » c'est Finon qui rit!... C'est effroyable,
Sur la terre des saints ces visions du diable!
Ah! c'est un sacrilège affreux d'avoir choisi
Pour cachette d'amour juste cet endroit-ci!...
A cette idée, elle a cru voir, frissonnant toute,
Les arceaux se donner la main! et, sous la voûte,
Les morts, tous les esprits ténébreux de l'endroit,
Paraître en cercle! Alors elle se meurt d'effroi
Au souvenir du soir de la ronde sur l'aire...
Tout le cloître à présent l'entoure avec colère!...

Mais si ses yeux troublés reviennent par hasard
Sur une herbe du mur croulant de toute part,
Sur une mouche à miel qui du lierre s'envole,
Sur un rayon, — alors tout le ciel la console!

Puis, de nouveau, l'esprit désolé de ce lieu
Souffle au fond de son cœur les menaces de Dieu.

Elle jette un regard de prière autour d'elle.
Sur les tombeaux sans croix comme l'herbe vient belle!

Comme le lierre est haut et vert sur les vieux murs !
Un merle y vient becquer un bouquet de grains mûrs.
Il picore en sifflant. — A la saison première,
Il avait fait son nid peut-être dans ce lierre,
Et bien d'autres oiseaux, chardonnerets, pinsons,
Y devaient faire un brùit de feuille et de chansons
Jusqu'au soir, depuis l'heure où l'aubette vermeille
Fait remuer partout l'arbre qui se réveille.
Mais nous, il est donc vrai qu'un jour Dieu nous punit
D'oser parler d'amour où l'oiseau fait son nid !

Et Miette, laissant de pensée en pensée
Flotter son âme triste au bruit du vent bercée,
Sent l'oubli la gagner comme lorsqu'on s'endort.
Et regardant le cloître : « Où vont-ils ? vers la mort,
Tant de portiques noirs alignés à la file ?
Jamais je n'en ai vu de pareils dans la ville.
A quoi pourraient servir tant de portails, sinon
A s'en aller loin, loin, dans un endroit sans nom,
Plein d'ombre, — lorsqu'on veut se perdre hors du monde? »
Ainsi fuit son esprit dans la douleur profonde,
Comme un ruisseau de rien qui se fond dans la mer.

Si grand est son chagrin, si poignant, tant amer,
Qu'il a pris en entier son cœur et sa mémoire ;
Elle ne voit plus rien que sa tristesse noire ;
C'est sans songer à rien qu'elle dit : « Pauvre moi, »
A force de souffrir ne sachant plus pourquoi !

Comme fait le ruisseau qui, plaintif dans sa course,
Tant qu'il va vers la mer se souvient de la source,
Mais quand la mer l'a pris, il ne se connaît plus !
Ainsi les pauvres cœurs dans la douleur perdus.

O gaîtés d'autrefois ! bon rire de Miette,
Qui partout lui faisiez du travail une fête !
Ne sonnerez-vous plus dans les champs, dans les bois,
O nos vieilles chansons, si jeunes dans sa voix !
Avant qu'elle eût aimé le fier ingrat qu'elle aime,
Sa jeunesse faisait plus gai le printemps même ;
Et le soleil semblait plus souriant encor
Lorsqu'en ses cheveux noirs il mêlait son fil d'or.
O chansons, mots pour rire et paroles heureuses,
Revenez sur sa bouche ! Au nid, chansons peureuses !

Au nid, rire ! reviens au jeune sein naissant
Qui palpite gonflé, montant et s'abaissant...
Ne reviendras-tu pas, mon beau rire à dents blanches
Qui partais dans les blés, aux moissons, — dans les branches,
Aux olives, — parmi la vigne en vendangeant !
Ou quand reviendras-tu, beau rire au son d'argent ?

Elle s'est relevée. Un mur doit être proche
Que l'on voit du dehors bâti droit sur la roche,
Et si haut qu'en tombant du haut le coup est sûr !...
De quel côté, se dit Miette, est ce grand mur ?
Et de nouveau, sentant sa grosse peine croître,
Ramène ses regards sur les portes du cloître
Et dit : « Laquelle va vers l'endroit que je veux ? »
Mais la peur tout à coup fait frémir ses cheveux,
Lorsqu'elle voit ces mots gravés dans une pierre :

MA FAUTE S'EST COUCHÉE AVEC MOI SOUS LA TERRE.

Un moine sur sa tombe a voulu ce verset,
Et la pauvre Mion, ne sachant ce que c'est :
« Dieu parle ! Il ne veut pas, dit-elle, que je meure !

Toute ma pauvre vie il faudra que je pleure!
Ah! maudit ce Noré! » — Ce nom lui revenant,
La raison de ses pleurs lui revient maintenant!
Et lui semble nouvelle! et l'étonne elle-même!
Et sa peine en augmente, et c'est ainsi qu'on aime.

Alors, offrant aux vents son foulard déchiré :
« Adieu! présent maudit! Souvenir de Noré! »
Il est en trois morceaux, le beau foulard de soie,
Écarlate, couleur de sang, couleur de joie!
« Pars au vent! » Un morceau déjà flotte dans l'air,
Le plus petit, qu'un souffle emporte vers la mer;
Un autre est déjà pris dans des touffes de lierre
Où, longtemps fatigué de pluie et de lumière,
Il ira, vienne avril, au fond de quelque nid,
Et déjà le troisième à la brise frémit
Dans la main de Mion qui pleure et le regarde,
Quand tout à coup: « Non, non ! dit-elle, je te garde! »
Et quand elle eut baisé le morceau du mouchoir,
Vite en son sein le mit, craignant qu'on pût la voir.

Puis, suivant un grand coq qui passa devant elle

Avec toute sa cour qui glousse et bat de l'aile,

Sous la voûte en cailloux, bien rangés un par un

Dans ce couvent superbe où le marbre est commun,

— Car Cogolin est près, d'où vient la serpentine, —

Miette traversa les couloirs en ruine,

Et trouva dans la cour Briquet tout débâté,

La fontaine au milieu qui chantait la gaîté,

Un chien fauve, au retour de quelque chasse ardente,

Haletant et suant de sa langue pendante,

Des porcs sur un fumier, juste au bord de la cour

Où, s'ouvrant d'un côté tout entier, — à plein jour, —

Elle fait voir des dos et des dos de collines

Qui, formant vagues, vont jusqu'aux vagues marines,

Et la mer vaste, au loin, comme un miroir brisé,

Multipliant les feux de l'azur embrasé.

C'est midi. Les Arnaud attendaient sur leur porte.

— « Nous avons déjà pris ce que ton âne apporte.

Les chiens ont reconnu Briquet. D'où viens-tu, toi? »

On s'embrasse, on s'appelle; on demande pourquoi,

Comment, si l'on va bien là-bas? — « Et le compère? »
« Les beaux melons d'hiver! »—« Vous les aimez, j'espère! »
« Pardi! Mais toi, Mion, faut venir au printemps,
Quand la fraise est au bois! — Nous sommes tous contents!
Dînons! — Qu'as-tu Mion? — Mange, belle petite! »

Ah! si Mion pouvait s'en aller tout de suite!...
Mais non, il faut causer, rire d'un mot moqueur,
Manger et vivre, avec son agonie au cœur!

DEUXIÈME PARTIE

CHANT VI
DES CHATAIGNIERS
AU MOULIN D'HUILE

PRÉLUDE
FRUITS D'HIVER

FRUITS D'HIVER

PRÉLUDE

*Comme une nonnette au couvent
Lorsque la lune prend le voile ;
Quand à peine une pauvre étoile
Comme un cierge vacille au vent ;*

*Quand le soleil même s'enroule
Dans le sac gris du pénitent,
Et jette un regard mal content
Par les deux trous de la cagoule ;*

Quand les pâtres, vêtus de peaux,
Pour la plaine mouillée et grasse
Laissent les monts qui, blancs de glace,
Ont manteaux de brume et chapeaux;

Alors, qui met la joie à l'âme,
Quand l'aube est si proche du soir?...
— C'est le bon feu, qui nous fait voir
De petits soleils dans la flamme.

Après le feu? — La flamme encor;
C'est le calèn d'huile d'olive
Qui porte au front la clarté vive
Comme un roi sa couronne d'or.

Puis? — Le fiasque de vin sans doute,
Qui sous sa paille, simplement,
Tient caché tout le firmament,
Une étoile dans chaque goutte!

Et puis après? — C'est la Chanson,
Les contes pour pleurer ou rire...
— Oui, mais encor? — La poêle à frire!
— Oui, mais le fruit de la saison?

FRUITS D'HIVER.

Ingrats, c'est la châtaigne brune
Qui sous la cendre chaude cuit,
Et nous dit, s'ouvrant avec bruit :
« La bouteille est vide. Encore une ! »

La bonne compagne d'hiver,
Ne l'oublions pas, la châtaigne,
Qui s'en vient, dès que le froid règne,
Mourir vive près du feu clair.

La montagne aux villes l'envoie.
Nos petits montagnards, noircis,
Oiseaux d'hiver, moitié transis,
La vendent comme un pain de joie !

Et que d'écoliers en chemin,
Attardés et prêts aux reproches,
Sur les châtaignes, dans leurs poches,
Font chaud à leur petite main !

CHANT VI

DES CHATAIGNIERS

AU MOULIN D'HUILE

— « Tu dois être aujourd'hui lasse de ton voyage ;
Demeure à la maison : nous allons à l'ouvrage... »
— « Non, dit Miette, non ; j'aime mieux m'en aller
Aux châtaignes, compère, avec vous travailler. »
— « A ton souhait, Miette ; en avant tout le monde !
La châtaigne, cet an, est pesante et bien ronde,
Et cela fait plaisir en cherchant d'être sûr
A chaque pas qu'on fait de trouver un fruit mûr. »

Et sous les châtaigniers nus presque, aux branches grises
On marche. La forêt tremble aux frissons des brises.
Quelques feuilles encor, les dernières, dans l'air
Volent, tombent, couleur de la rouille du fer.
Les sentiers en sont pleins, comme d'une litière
Sèche, rousse et bruyante, — et sans voir trou ni pierre
Chacun jusqu'aux genoux y patauge à grand bruit.
Les enfants vont devant, puis les vieux ; Mion suit,
Songeant que ce bruit-là tient son âme distraite
Et que seule au logis elle eût perdu la tête,
Mais de plus, si Noré qu'elle fuyait là-bas
Jusqu'en ce lieu perdu se trouve sur ses pas,
Qu'elle agira fort bien de partir au plus vite...
« Oui, dès demain. » Ainsi raisonne la petite.

— « Eh, toi ! — sais-tu pourquoi l'on a donné ce nom
Des Maures à nos bois, dans la montagne ? » — « Non. »
— « Ah ! ah ! » — et le compère en riant fort ajoute :
« Mon père me l'a dit fréquentes fois ; écoute :
Tous ces Maures, c'était les Arabes, les gens
De l'Afrique, voleurs et toujours voyageants,
Qui dans les temps passés venaient sur nos rivages

A tout moment piller et brûler nos villages.
Mes pères s'en gardaient, pardi, comme du feu !
Et bâtissaient leurs nids haut, comme Pierrefeu.
Ah ! ah ! les Sarrasins ! c'était leur grosse crainte !...
Mon père là-dessus savait une complainte...
Ah ! ah ! » — « Mais vous, pourquoi, compère, en riez-vous ? »

— « C'est que, ces coquins-là, lorsqu'ils faisaient leurs coups,
Ils ne manquaient jamais d'enlever quelques filles...
Ou... de leur faire peur... s'ils les trouvaient gentilles !
...Il n'aurait pas fallu t'en venir autrefois,
Tranquille, seule avec ton âne, dans nos bois...
Tu n'aurais pas manqué de voir dans quelque sente
Un homme noir venir sur toi, la dent luisante,
Et, — pechère ! — en criant, — t'emporter comme un loup ! »
Et de rire. — Et Mion ne riait pas du tout,
Songeant que ce matin, là, dans le voisinage,
Elle avait rencontré le Sarrasin sauvage !

— « C'est ici, dit Arnaud, que nous nous arrêtons ;
Ce matin nous avons laissé là nos bâtons.
Miette, prends le mien ; moi, la forêt m'en donne. »

Et chacun se baissant, cherche fouille et tâtonne

Du bout des bâtonnets fourchus, — et de l'amas

Des feuilles, en montant, dégage pas à pas,

Les fruits roux, — dont la cosse épineuse s'entr'ouvre,—

Du flot amoncelé de feuilles qui les couvre.

— « Les sangliers ont fait la récolte avant nous,

Par ici, ce matin... Regardez-moi ces trous ;

Ils ont fouillé du groin les feuilles et la terre. »

— « On en a tué deux ici même, mon père,

Juste un moment après que vous étiez parti, »

Dit un enfant. — « Et qui les a tués, petit ? »

— « Un qu'on nomme Noré; c'est quelqu'un de la plaine,

Un étranger, mon père ! » — « Et j'en ai de la peine,

Dit Arnaud. Ils pourraient rester chez eux, ceux-là,...

Des chasseurs de hasard, bons à chasser au plat ! »

Ainsi chaque moment presque, chaque parole,

Rappellent à Mion le mal qui la désole,

Et le sang dans son cœur troublé ne fait qu'un saut ;

Et, — la pauvre — elle a su cacher plus d'un sanglot

En faisant bruisser les feuilles qu'elle froisse,

Mais ce jour entre tous fut long et plein d'angoisse.
Aussi, le même soir : — « Je repars dès demain. »
— « Comment ! tu veux déjà te remettre en chemin ?...
Attends un jour encor... » — « ... J'ai peur d'être malade. »
— « La course est longue. » — « Non, c'est une promenade. »

Elle partit au jour, à pied, Briquet devant ;
Mais le long de la route il la porta souvent,
Car avec le cœur lourd on a les jambes frêles.
Briquet portait un sac de châtaignes nouvelles,
Présent de Maître Arnaud, beau cadeau pour l'hiver.
Et la vivacité du temps, le frais de l'air,
La gaîté du soleil, le piquant de la bise
Qui couvre peu à peu le ciel de brume grise,
Rien n'a distrait Mion... qui connaît maintenant
La joie et la douleur qu'on se donne en aimant.

Quand Briquet bien trottant sentit l'étable proche
Il se mit à sonner comme un écho de roche,
Et des hi ! et des han de sa plus belle voix
Réveilla dans la nuit tous les chiens en abois.
Alors Antoine dit : « C'est la voix de ma bête ! »

Et la mère, Toinon, triste, a hoché la tête.

Et comme son mari questionne l'enfant,

Et la gronde, — la mère en souci la défend,

Dit : « Fille était malade ; elle a bien fait, je trouve ; »

Mais lui juge mal fait ce que sa femme approuve :

« Ça n'est pas clair, dit-il ; — voyage et prompt retour,

Tout cela peut cacher des finesses d'amour,

Petite. On m'a parlé ce matin d'une histoire...

Il suffit, tu m'entends, je ne veux pas y croire,

Mais si le fils du gueux, de Maître Jacque André,

Veut faire son galant chez nous, — je le tûrai,

Vois-tu ! — qu'il prenne garde à lui, notre jeune homme !

Et si tu fais mal, toi, la fille, — je t'assomme !

C'est dit ; va-t'en dormir, et rêver là-dessus.

Bonsoir ! » — La mère tremble et soupire : Ah ! Jésus !

A quelques jours de là, Miette, au moulin d'huile,

Par les sentiers touffus poussait Briquet docile

Sur le bord du ruisseau noir des eaux du moulin.

Au printemps, il était du bleu du ciel tout plein,

Coulant clair-étalé sur le blanc lit de pierre,

Quand Miette, y faisant écumer la lumière,

Battait à tour de bras son linge parfumé.

Flic! floc! Il est passé, le joli mois de mai!

Le rossignol est loin, dont la voix amoureuse

Excitait aux chansons la rivière pierreuse

Où, chaque avril, renaît le laurier-rose ardent

Que détruit chaque hiver le flot trop abondant.

Ils fleurissent l'été dans de petites îles

Que pressent doucement des filets d'eau tranquilles;

Maintenant ils sont morts, les lauriers-roses verts

A feuille aiguë et droite, et leurs pieds recouverts

Par l'eau torrentielle et noire de ressence

Attend que le nid chante et qu'avril recommence!

Mais l'eau recoulera, claire comme le jour,

Le nid du rossignol rechantera d'amour,

Tout recommence enfin, — comment? — par l'amour même!

Tout, excepté la paix dans le cœur — lorsqu'on aime!

Briquet allait chercher de l'huile, fruit nouveau,

Jusqu'au moulin massif, bâti tout près de l'eau,

Dont le mur apparaît gris parmi la verdure.

Elle entre. Là, de peur que l'attente ne dure,

Chacun, en apportant ou reprenant son bien,
S'assied, parle et répond, rit de tout et de rien ;
On fait cercle, au-dessous des toiles d'araignées
Comme des bénitiers aux angles rencoignées
Dans l'ombre du moulin sans fenêtre, obscurci
Par l'émanation même du fruit d'ici,
Autour de la grande auge en pierre, dans laquelle
Tourne et tourne à plaisir sur l'olive nouvelle
La haute, lourde meule, au pas du vieux mulet
Qui tire son levier, sous le fouet du valet.

Quand Miette parut au seuil du moulin d'huile,
Elle vit noir d'abord, — puis, près d'elle, immobile,
Elle aperçut Finon ; puis les gens assemblés
Parurent un à un à ses regards troublés.

— « Entre ! lui cria-t-on ; viens écouter la vieille ! »
Finon disait : — « Mes gens, j'ai porté ma bouteille.
Un peu d'huile ! pour un baume ! »—Et tous, riant fort :
— « Le baume d'aïoli ! pour réveiller un mort ! »
— « Soyez chrétiens, meuniers ; patron, sois charitable ;
De l'huile ! pour un baume ! »—« Un baume pour la table ! »

Disaient les meuniers noirs, de vrais Maures, la dent
Luisante, et dans du pain beurré d'huile mordant!

Finon devant la porte apparaissait en ombre
Sur le jour du dehors qui baissait, déjà sombre,
Et Miette surprise avait peur vaguement :
Cet endroit lui pesait comme un pressentiment.

— « Chante-nous la chanson, la vieille! dit un homme;
Ou bien... tu sais comment le souterrain se nomme?
La cuve de dessous... s'appelle les enfers !...
Attention, sorcière! — et dis tes plus beaux airs! »
Et la sorcière chante avec sa voix branlante
Et le pas du mulet suivait sa chanson lente :

>   — « Les olives sont-elles mûres?
>   Oh! oh!
>   Près du ruisseau plein de murmures,
>   Coupez, coupez un long roseau! »

— « Oh! oh! » disaient en chœur les gens tout d'une haleine,
Et le mulet tournant roidissait mieux sa chaîne...

— « Les olives noircissent-elles ?

Ah ! ah !

Montez dans l'olivier, mes belles,

Si les garçons ne sont pas là ! »

—« Ah! ah! » riaient en chœur ces gens pleins de malice,
Et les meuniers mangeaient leur huile avec délice.

— « Belle fille, fais la cueillette,

Oh ! oh !

Tout en chantant ta chansonnette

Dans les branches, comme un oiseau.

« Et frappe du roseau les branches,

Ah ! ah !

A terre, sur les toiles blanches

L'olive noire tombera. »

—« Ah ! ah ! — Finon la masque aura de l'huile vierge ! »

— « Et vous irez au moulin d'huile,

Oh ! oh !

Vous irez toutes à la file
Voir couler l'huile comme une eau !

« Notre âne attendra sur la porte
Ah ! ah !
Et du poids d'huile qu'il emporte
L'âne mécontent se plaindra ! »

— « Ah ! ah ! — Si tu dis vrai, nous te devrons un cierge,
Sainte sorcière ! »

— « Et nous en mettrons sur la table,
Oh ! oh !
Et dans le calèn de l'étable
Qui reluira comme un flambeau ! » —

— « Oh ! oh ! — C'est bien, » dit le patron ;
« ...Mais, sorcière, il fallait apporter le jarron !
Je ne remplirai pas ce grand fiasque, la vieille !...
— « Eh bien ! j'achèverai de remplir la bouteille, »
Dit simplement Mion, — qui prend aussitôt peur,
Car Finon la regarde. — « Eh donc ! elle a bon cœur, »

Dit Finon, « comme moi... quand on veut ! — Qu'on m'écoute,
Braves gens ! — Le bonheur, qui la cherche, est en route !
...Oui, quelqu'un, — tu m'entends ! — vient vers toi de retour,
Miette ; écoute un peu ı tu seras riche un jour ! »

DEUXIÈME PARTIE

CHANT VII
LA VIEILLE MASQUE

PRÉLUDE
LA BELLE AU MIROIR

LA BELLE AU MIROIR

PRÉLUDE

La belle au miroir, la lèvre vermeille,
A voulu se voir,
Et le dos courbé, vieille, toute vieille,
S'est vue au miroir.

Jésus-Maria! quel est ce visage!
Ai-je donc cent ans?...
— La vieillesse vient, comme le bel âge,
Avec les printemps.

Vierge, tu seras un jour vieille femme;
Vois donc celle-ci :
Dans son corps plié frissonne son âme...
Tu seras ainsi.

Tes pauvres cheveux sur ton crâne aride
S'ébourifferont;
Chaque souvenir sera par sa ride
Marqué sur ton front.

Tu ne marcheras qu'en tordant l'échine,
Butant en chemin,
Et pour soutenir ta faible ruine,
Le bâton en main.

Devant le feu vif, en un tas assise,
Tu tendras tes doigts,
Mais ton corps sera — par soleil ou bise, —
Plein de frissons froids.

C'est l'âge où les gens vous disent : « Marraine! »
On est mère-grand...
Tâche donc qu'un gars bien vaillant te prenne
Quand l'amour te prend!

Ne donne ton cœur qu'au gars qui t'apporte
L'anneau de bel or...
Aux autres chanteurs ferme bien ta porte,
Ton cœur mieux encor...

Ou bien sans enfants devenue aïeule,
Et laide à ton tour,
Aï! tu te verras mourir toute seule
Dans ton lit d'amour.

CHANT VII

LA VIEILLE MASQUE

La sorcière est malade; elle meurt, pauvre vieille !
— « Pour masque qu'elle soit, il faut bien qu'on la veille, »
Dit une femme, bonne, — et curieuse un peu.
Et le soir, chez Finon, grands discours et grand feu
Vont leur train.
    Dans le fond d'une espèce d'alcôve,
Sur le lit, apparaît la tête à demi chauve
De la vieille, les yeux fermés sur le coussin,

Qui rêve — mâchonnant quelque méchant dessein.

Ses lèvres vont toujours, marmonnant sa pensée.

On a mis sur son lit des haillons à brassée.

Près d'elle, — fume encor, sur un tronçon de pin,

Un peu d'orge bouilli dans un mauvais toupin.

Au mur, un bénitier de verre est sur sa tête,

Un rameau de laurier par-dessus... — « Elle est prête,

La masque, — ont murmuré les commères tout bas ;

Ma foi, tant mieux si la guenon n'en revient pas ! »

Et devant le sarment qui jette sa flammade,

Toutes — se soignant bien. car Finon est malade, —

Un grand bol dans la main, et buvant à longs traits,

D'un air mystérieux bavardent leurs secrets,

Sans voir qu'au fond du lit, demi-morte, la vieille,

En rouvrant ses bons yeux, tend sa plus fine oreille !

... Patati, patata, les caquets vont leur train.

Trop de vent ou trop d'eau : des plaintes pour refrain ;

C'était mieux temps passé ; la terre devient folle ;

On vous refait la terre et le ciel, en parole ;

Puis viennent la malice et les méchancetés,

Les contes malveillants à plaisir inventés,

Le mensonge brodant de sa poignante aiguille
Un détail vrai : voilà pour toi, ma bonne fille !
Pour toi, garçon ! — « Mius va donc tirer au sort,
Cette année ! — Il part, oui. — C'est bon, il n'a pas tort !
Il en compromet deux ! — Qui ? — Miette et Norine !
— Et Norine ? Noré l'épouse ? — Non, voisine ;
Il en épouse une autre. — Et qui donc ? — Devinez,
Commère. » La commère en nomme vingt. « Tenez,
Vous ne devineriez jamais ! — Miette ? — Certe !
— A d'autres ; ça n'est pas ! — Mais ce serait sa perte !
Une coureuse !... Et puis si pauvre !... Un père ainsi,
Toujours gris ! Épouser... ça, lui, Noré ! merci !
C'est un gueux; mais il fait ce que font tous les hommes;
Il fait bien s'il en trouve ! — Ah ! pauvres que nous sommes,
Les mères ! Nos enfants ne nous sont que douleurs !
Cette Mion savait que Noré cherche ailleurs ;
Eh bien, n'a-t-elle pas suivi le calignaire,
Le mois passé, jusqu'à la Verne ! — Bonne mère !
— Oui, oui, un qui chassait là-bas les a surpris !
— Aï, sainte Vierge ! » Et les matrones font des cris,
Et se signent, buvant les tisanes sucrées
Pour la vieille Finon avec soin préparées,

Et Finon ouvre l'œil au fond du lit obscur,
Et le grand feu flambant danse, blanc sur le mur,
Tandis que secouant tous les ais de la chambre
Souffle sur le campas le vent noir de décembre.

— « Miette doit venir ce soir nous assister. »
— « ... Ah ! bien, — moi, justement je ne peux pas rester,
Dit la plus jeune. Adieu, commères... Tiens, c'est elle !...
Entre... Bonjour, Mion... Voyez comme elle est belle !
... C'est l'âge de l'amour ! » — « Et comment va Finon ? »
— « Aussi mal qu'il se peut. » — « Mais parle-t-elle ? »—« Non. »
Alors autour du lit on s'approche, on chuchote.
La tête de Finon marmotte ; l'œil clignote ;
Elle bâille ; et chacun de se dire tout bas :
« Voici les bâillements. Ça ne durera pas. »

— « Buvez, marraine » a dit Mion de sa voix douce.
Elle offre la tisane, et Finon la repousse.
— « .Voyez-vous, il faudrait qu'elle pût manger ; oui,
Mon mari s'est sauvé rien qu'en mangeant ! » — « Mais lui
N'était pas si vieux ? « — « Non. » — « Pardi ! la pauvre Fine,
Elle, a cent ans et plus peut-être sur l'échine ! »

Ainsi va la veillée. On boit, on mange, on dort ;
On vit gaillardement sous le nez de la mort.

Vers minuit, l'une dit : — « Assez veiller, commères.
Si nous passons la nuit, qui fera nos affaires
Demain ? Je pense donc qu'il faut aller au lit.
A ton âge, une nuit sans sommeil vous pâlit,
Miette, — mais le corps aisément la supporte. »
— « Oui, oui, Miette est jeune, et vaillante, et si forte !
Allons, allons dormir ; — pardi, nous savons bien
Qu'assister les mourants est un devoir chrétien ;
Entre voisins, fût-on ennemis, on se prête
Dans le besoin ; devant la mort, plus rien n'arrête ;
Mais vois, décidément, la vieille a l'âme au corps
Chevillée, et n'ira que demain chez les morts.
Adieu. »—« Non, dit Mion, j'ai peur ; restez encore. »
Une vieille resta, qui partit vers l'aurore.

Finon passa la nuit sans bouger, seulement
L'œil clignotant toujours, la lèvre en mouvement,
Et, quand Mion fut seule, elle eut comme un long râle...
Le petit jour d'hiver faisait la vitre pâle.

— « Que voulez-vous, Finon? » La vieille s'accouda
Sur l'oreiller. Miette accourut, qui l'aida.

— « Aï! oï! aï! dit Finon, aï ma tête! oï ma jambe! »
Et son œil luit, fixé sur le grand feu qui flambe.
« Eh! comme il brûle bien, le bon bois, n'est-ce pas,
Qu'on n'a pas ramassé soi-même, de ses bras,
Et porté sur son dos d'ânesse! Éteins, canaille!
Gueuses de bonnes gens, vite, allons, qu'on s'en aille,
Et me laissez mourir sans vos soins de voleurs!...
Aï, ma tête et mon bras! Je suis toute en douleurs!...
Qui m'a mis cette robe en douleurs! qu'on me l'ôte!
Tôt, tôt, sortez d'ici, braves gens pris en faute!
Je vous ferai bien voir... Non, non!... Le croyez-vous
Que je puisse emmasquer? faire de mauvais coups?
Masque si vous voulez, — mais pour le bien des filles!
Je sais faire bouillir le mou mêlé d'aiguilles,
Et vous lever le sort si le diable vous tient!...
Aï, aï! soulagez-moi!... Je vous ferai du bien! »

Mion se rapprocha : — « Que voulez-vous, marraine?
Buvez ceci. » — Finon a bu la tasse pleine.

« Ah ! — fait-elle, et s'allonge avec soulagement...
« Bon, dit-elle, bon, » puis — après un long moment :
« Qui donc est par là ?–« Moi, Miette. »–« Toi, petite ?
Miette... de Noré ? — Miette, bas et vite
Dit : « Oui, c'est moi, Finon. »—« Le gueux ! Les hommes, tou
Sont des gueux ! c'est l'amour, qui rend les hommes fous.
Ah ! oui !... Je me souviens du battoir sur la rive...
Le rossignol chantait, sur le battoir... J'arrive...
Je regarde, et je vois les gazons écrasés...
Alors j'ai deviné le reste, — les baisers !...
Les baisers, ça se boit comme un poison, ma belle !
Depuis,–tu n'es point femme et n'es plus demoiselle...»
— « Vous vous trompez ! » répond Miette à demi-voix.
—«...Sur le battoir... l'oiseau qui chante, je le vois !...
Là,... là, » — reprend Finon, l'œil pétillant de fièvre,
Tendant son doigt noueux et remuant la lèvre;
« ...Là, c'est l'endroit profond... on lave dans ce creux !...
C'est là qu'il t'a donné le baiser, l'amoureux !
Et dans ce même endroit... (le rossignol le chante !)
... Je l'ai noyé !... Depuis ce temps, je suis méchante !
... Noyé, l'enfant ! noyé, pauvre agnel innocent !
Noyé,... tenu sous l'eau ! de mes mains !... pas de sang,

Pas de trace!... Il vaut mieux pour l'enfant qu'on le noie!

... Mais comment faire afin que Dieu tout seul me voie?

Creusons la terre ici des ongles... Pauvre ami,

J'ai baisé par trois fois son visage endormi,

Et do, do, l'enfant do! le bon lit d'herbe grasse!...

Sur le battoir... l'oiseau... chante... à la même place!

Chante, beau rossignol! chante, c'est la saison...

L'amour est bon, pardi! c'est le meilleur poison! »

Blanche comme sa coiffe, et droite, épouvantée,

Miette regardait Finon ressuscitée.

Et Finon sur son lit assise — délirait

Ou qui sait, le voulant, confessait son secret :

—«... Tous les jours... j'ai porté, tous les jours, au bel ange,

Des fruits, du pain, du vin... parce qu'il faut qu'on mange!

Et je laissais cela sur la rive et, la nuit,

Je le voyais venir — et s'en aller sans bruit,

Tout rayonnant, pareil à Jésus dans l'étable...

Son père est marié, bon, riche... et charitable!...

Il reverra l'enfant dans le ciel... moi, jamais!...

Pourtant je l'ai tué parce que je l'aimais!...

Écoutez, mes amis, c'est une histoire vraie :
Le garçon fait le mal, et la fille le paie.
On a vingt ans, pardi ! Les rosiers sont en fleurs.
La nature le veut... voleurs ! voleurs ! voleurs !...
... Qui m'écoute ici ? — là, debout, qui me regarde ?...
C'est toi, Mion ?... hélas ! ma Miette, prends garde !
Tu fais ce que je fis, tu marches dans mes pas !
Un péché qu'on a fait ne se rattrape pas !
Toute la vie en pleurs ne lave plus la tache !
Celle qu'on montre au doigt, vois-tu, d'abord se cache ;
Mais la faim fait sortir le loup du bois ; alors,
Les langues vont, — parfois avec des mots si forts
Qu'on se défend ; on parle, et l'on devient mauvaise ;
Si d'autres font le mal, on leur dit : « A votre aise,
Mignons ! je ne suis pas la seule : embrassez-vous ! »
On fait peur aux méchants avec de méchants coups,
Et pour avoir un jour lavé dans la rivière
On vit ensorcelée, et l'on meurt en sorcière !
... Ah ! oui ! nous mourrons tous un jour ! Vivez contents,
Lâches ! et dépêchez, car on a peu de temps !
La mort vient. Elle venge. Un jour, tant que vous êtes,
Riches, pauvres, les gens marcheront sur vos têtes !

Ah ! ah !... » Et maintenant la masque rit très fort,
Puis d'une voix éteinte : « Es-tu là, vieille Mort ?
Oui, Masque !... je connais tes vilaines grimaces...
Tu ris, marraine ? écoute, il faut que tu repasses
Demain. J'ai quelque chose à faire. Attends un peu ! »

Et Finon se levant se traîne vers le feu :
— « Ou donc es-tu, toupin ? — Et vous, le vin et l'huile ?
Vous voici. — Le remède est sûr, — et trop facile.
L'huile mêlée au vin. — Flambe, feu ! — L'huile bout.
Du thym, du romarin, un baume ! » — Et tout à coup,
Ayant bu longuement sa boisson salutaire :
— « Attends, Mort ! — tu feras demain mon lit de terre.
J'ai quelque chose à faire aujourd'hui, pour l'amour !
...Tu reviendras. Demain doit être encore un jour... »

Un ciel blafard d'hiver se voit par la fenêtre.
Dehors miaule un chat... — « Mes chats ont faim, peut-être ;
Hier, croyant de finir, je les ai mis dehors,
Miette, — car les chats mangent leurs maîtres morts. »
Finon ouvre la porte : un matou qui miaule
Entre, la queue en l'air, saute sur son épaule,

LA VIEILLE MASQUE.

Et deux autres, jaloux, se frottent sur ses pieds.
— « Assez, diables ! — Je dois mourir ; vous m'épiez ! —
Tenez, mangez ! — mais lui, mon pauvre petit ange,
Qui va me le nourrir, moi morte ? il faut qu'on mange...
Il faut manger pardi !... Miette, approche-toi. »

Miette se rapproche. Elle tremble d'effroi.

— « Non ; je te veux du bien ; va, va, tu peux me croire...
Tu viens de voyager ?... conte-moi cette histoire.
Dis-moi tout. Il le faut... Maintenant je vais mieux.
Le baume fait effet. Du vin, — le lait des vieux, —
De l'huile et des parfums... »

      La vieille questionne.
L'enfant, pâle, répond comme en rêve...

         — « Aï, ma bonne,
C'est fait !... lorsqu'à présent tu manges... c'est pour deux !
A présent, notre histoire est pareille ! ah ! les gueux !...
Mais toi, faudra nourrir l'enfant, — si Dieu l'envoie, —
A ton sein, de ton lait,... qu'importe qu'on te voie !...
Puis écoute... — La mort va m'attendre un instant ;
C'est ma commère ! Elle a baptisé mon enfant...

Nous sommes toutes deux des masques du même âge ;
Nous nous obéissons... — Écoute ; du courage !
Je verrai ce gueusas, — beau garçon, — ton Noré,
Et j'expliquerai tout ; je dirai, je ferai
Qu'il t'épouse ! — Alors oui tu seras riche, heureuse,...
Et moi, moi... (l'entends-tu, ma fosse que l'on creuse ?
Ma caisse que l'on cloue ?... Assez, chats ! loin de moi !)
Moi Finon, j'aurai fait ton bonheur... et pourquoi ?
Parce que j'ai connu ton cœur, — au moulin d'huile, —
Et qu'après moi,... — vois-tu, ça n'est pas difficile :
On pose un peu de pain près de l'eau, sur le bord, —
... Tu nourriras... avec le tien... mon petit mort ! »

Puis voyant qu'au dehors la neige à présent tombe :
« Deuil de vierge ! » dit-elle. — Il t'annonce la tombe,
Car vierge et fille-mère ont droit au même deuil !
Mais comme il sera pâle et froid sur ton cercueil !

Quand midi sonne au loin—Finon dit : c'est mon heure.
Près du lit de Finon morte — Miette pleure.

TROISIÈME PARTIE

CHANT Ier

UN RETOUR

PRÉLUDE

LES CHANTS DU PEUPLE

LES CHANTS DU PEUPLE

PRÉLUDE

Nous pouvons faire des chansons,
Poètes d'étude et de plume !
Et les chansons que nous faisons
Les faire aligner en volume !

Nous pouvons, gravement assis,
Trouver en nous creusant la tête
Rimes riches et mots précis...
Le peuple est le maître poète.

*Nous pouvons limer du français
Ou du provençal de parade ;
Nous pouvons avoir des succès...
Le peuple a le prix de l'aubade !*

*Il dit, sans se gratter le front,
Le bon pain, les vins et la femme...
Les gros savants y reprendront ;
Mais chaque mot lui sort de l'âme.*

*Triste ou gai, quelquefois moqueur,
Il ne signe pas de grimoire,
Car c'est pour soulager son cœur
Qu'il chante, et non pas pour la gloire !*

*Et ce n'est pas en rien faisant
Qu'il fait ces chants que nul ne signe...
C'est en forgeant, c'est en semant,
En faisant les blés et la vigne !*

CHANT 1er

UN RETOUR

Pourquoi ne nous viens-tu qu'une fois en dix ans,
Neige au voile brodé de diamants luisants,
Toi qui fais mieux aimer le soleil, par contraste,
Lorsqu'il vient, rouge et chaud, fondre ta candeur chaste !

... Par la neige fondante, et qui rend au soleil
Le blé jaune, égayé, vert, à l'espoir pareil,
Comme on porte Finon sur la verte colline,
Dans l'herbe dont ses os vont nourrir la racine,

Dans les tant vieux cyprès que rajeunit la mort,
— Là-bas sur le chemin, parlant haut, chantant fort,
Quelqu'un vient à grands pas, un brave capitaine
Qui dix ans a vécu sur une mer lointaine,
Riche, heureux du retour, vieux garçon, vieux marin,
Qui sent son cœur trembler comme un vrai tambourin !
C'est l'oncle de Mion, le frère de sa mère.

Ah ! retours au pays après l'absence amère,
Comme vous nous enflez le cœur, retours joyeux !
Salut, rochers pelés, familiers à mes yeux,
Sécheresse, vent dur qui blesse mes paupières,
Champs de ronces semés de méchants tas de pierres,
Vous êtes, ô laideurs de mon pays, cent fois
Plus douces à mes yeux que les trésors des rois !
Là j'ai joué, petit. Dans ma fraîche cervelle,
C'est ici que la vie entra, toute nouvelle,
Et la terre et le ciel, — pour la première fois,
Pauvre pays de rien, m'ont parlé par ta voix !...

— « Ah ! disait à Toinon qu'il tenait embrassée
Le vieux marin bruni, — la poitrine oppressée, —

Ah ! ma sœur ! J'en ai vu des hommes en dix ans,

Des pays froids, des chauds, ennuyeux, amusants,

Des hommes jaunes, blancs, le nègre et le Peau rouge,

Mais c'est fini, du diable à présent si je bouge !

J'aime mieux le village où naquit notre ancien...

Miette, mon enfant, je te marierai bien !

J'ai le sac ! et de plus j'ai déjà mon idée !...

Tu verras. Qu'en dis-tu ? tu n'es pas décidée ?

Ça viendra !—Mais voyons... c'est Noël dans huit jours ?

J'entends payer chez vous le repas des retours !

Invitez des amis ; j'éventre la futaille !

Beau-frère, haut le coude ! et bataille, bataille ! »

Et, pour Noël, de voir fumer le pauvre toit,

Les gens disaient : « Ici l'on va bien, ça se voit ! »

Chez la pauvre Miette on était douze à table.

— « Ce que faisaient nos vieux, c'est chose respectable

Dit le marin François ; or çà, voyons un peu,

Le plus vieux de nous tous, qu'il bénisse le feu ! »

—« C'est toi ! »—« C'est moi ? tant mieux ! Ça rappelle l'enfance ;

Enfant, je l'ai béni, mais n'ai plus souvenance
De la prière. Eh bien, j'inventerai les mots.
Le Dieu qui fait le feu comprend même les sots.
Et sa main qui tremblait s'étendit vers la flamme :

« O bon feu, chauffe bien la pauvre vieille femme,
Le vieil homme malade et les blancs pieds d'enfant !
Feu du pauvre, vivant trésor, feu bien chauffant,
Ris toujours dans mes yeux avec tes étincelles !
Feu, luis dans le soleil sur les moissons nouvelles,
Mûris la vigne, et puis viens brûler dans mon four,
Et passe dans mon sang, feu du ciel, feu du jour !
J'ai vu des gens mourir par la neige et la glace,
D'autres par l'incendie !... ô feu, reste en ta place !
Ne nous fais point de mal, joie et soutien des corps,
Et ne nous quitte enfin que quand nous serons morts !»

Il jette du vin cuit sur le feu qui pétille,
Et qui par là répond : « Soyez contents, je brille. »
Et la table est en train. Figue, orange, nougats,
La dinde, le poulet, le laurier sur les plats,
Jamais Mion n'a vu chez elle tant de joie !...

— « Mon oncle mettra fin au malheur. Dieu l'envoie ! »

Et l'espoir de Noël lui vient de force au cœur,

Et quand l'oncle lui dit : « Chante ! » et que tous en chœur

Reprennent : « Chante, oui ! » — « Volontiers, » leur dit-elle

— « Chante, dit un voisin, une chanson nouvelle ! »

— « Non ! fait l'oncle, un vieux chant, un vieux air du pays.

Ces chants qui nous berçaient, ce sont de vieux amis,

Croyez-moi. Ça s'apprend, voyez-vous, par l'absence !

Quand on est loin, perdu dans le monde, en souffrance,

Qu'on a beau regarder les choses d'alentour,

Les gens, — que tout vous est inconnu, sans amour,

Alors qu'une chanson du pays se réveille

Dans votre souvenir, la chanson la plus vieille,

La plus simple, il vous monte un trouble qui vous prend

Tout le cœur ! et l'on pleure, et le plaisir est grand.

Chante ! on sentira mieux le bonheur d'être ensemble ! »

Et tous se font muets quand d'une voix qui tremble :

— « Et qu'est-ce, oncle François que je vous chanterai ?

L'Aubade ? » — « Eh, dit François, fais, Miette, à ton gré. »

— « Je sonne, Marguerite,
Cette aubade pour toi.
Le tambourin palpite ;
Ma mie, écoute-moi. »

— « L'aubade m'est connue !
C'est toujours le même air !...
Si cela continue,
Je me jette à la mer ! »

— « Si ma belle sauvage
Croit m'échapper ainsi,
Je me jette à la nage,
Je la ramène ici ! »

— « Tu crois tenir la fille,
Mon beau nageur, mais vois :
Je me suis faite anguille !
Je glisse entre tes doigts ! »

— « Anguille, qui t'empêche !
Glisse aux doigts du nageur ;
Mais le pêcheur te pêche,
Et c'est moi le pêcheur ! »

— « Alors je suis l'eau vive
Dans ce jardin si beau. »
— « Et moi je suis la rive
Ou le lit du ruisseau ! »

— « Alors, rose vermeille,
Je fleuris au jardin. »
— « Je serai donc l'abeille,
Pour dormir sur ton sein ! »

— « Eh bien, je suis étoile ! »
— « Et moi,... nuage aux cieux,
Je flotte comme un voile
Sur ta bouche et tes yeux. »

— « Si tu t'es fait nuage,...
Me voici maintenant
La nonne la plus sage
Enfermée au couvent ! »

— « Oh ! va, tu peux te mettre
Dans le couvent sacré :
Je me ferai le prêtre...
Je te confesserai ! »

— « Sois le prêtre, qu'importe !
Vois-tu pâlir mon front ?
Je suis la pauvre morte...
Les nonnes pleureront. »

— « Morte, il faudra te taire !...
Les nonnes ont pleuré,...
Mais moi, je suis la terre
Et — morte — je t'aurai ! »

— « ...Ton aubade me touche ;
Je veux ce que tu veux...
Tiens donc, baise ma bouche,
Et sois mon amoureux ! »

Ainsi chanta Miette. — O couplets pleins de charmes,
Sans tristesse, et qui m'ont pourtant tiré des larmes
Plus d'une fois, surtout chez les Anglais un jour,
Quand l'enfant les chantait sur la viole d'amour,
Au bord de l'Océan qui martelait la grève,
Un pâle enfant du Nord aux grands yeux pleins de rêve
Et qui disait : « Je suis le Nord aux blonds cheveux
Et l'azur de Provence est le ciel de mes vœux ! »
Il chantait la chanson douce au cœur, aux oreilles,
Que chacun sait chez nous, les jeunes et les vieilles,
Que tes voisins, Provence, ont imité parfois,
Mais qui n'a pu, bien sûr, éclore qu'en ta voix !

Et Miette songeait : oh ! d'être ainsi suivie
Jusqu'à la mort, voilà le bonheur de la vie !
Et d'avoir entendu la fille tour à tour
Et l'amant, — tous restaient muets, rêvant l'amour !

— « Ah ! ces vieilles chansons, dit l'oncle, je les aime !
Nos anciens là dedans ont mis leur âme même :
Il les faut respecter... Moi, j'en connais beaucoup.
... C'est un peu du pays... »

      — « Qui les fit ? »

          — « Pour le coup,
Joseph ! ta question en trois mots m'incommode !
Ce sont là des chansons, des airs du temps d'Hérode !...»

... Il avait raison, oui, le marin. — Ils sont vieux,
Ces chants, et les anciens, pères de nos aïeux,
Les tenaient de leurs grands qui n'en savaient point l'âge !
— D'où viennent-ils ? — Peut-être un fada de village,
Un forgeron battant les vers de son marteau,
Un vanneur, quelque pâtre assis sur le coteau,
Fit les premiers couplets que chacun par la suite
Répéta ; la chanson fut dite et fut redite
Et chacun y mêlant son mot, et le meilleur,
Tout le pays enfin a mis là tout son cœur !

— « Écoutez ! » dit François. — La forte après la douce,
La grosse voix de bord chanta LE PETIT MOUSSE :

Trois vaisseaux du port de Marseille
Sont partis pour le Portugal,
Le vent qui dormait se réveille;
Il leur a fait beaucoup de mal.

Ils sont restés sept ans sur l'onde.
Ni pain, ni vin; mauvais métier!
Ils tirent au sort tout le monde
Qui sera mangé le premier.

A la courte paille l'on tire.
La plus courte, le patron l'a.
— « Hohé! des mousses du navire,
Le plus brave me sauvera!

« Je lui donne amour et fortune,
Un grand vaisseau tout surdoré...
J'ai trois filles, qu'il en prenne une! »
— « Moi, patron, je vous sauverai! »

— « Monte au grand mât, vois-tu la côte?
Jusqu'à la pomme il faut monter!... »
Mais sur la vergue la plus haute
L'enfant s'est mis à sangloter.

— « Oh! qu'as-tu, lui dit tout le monde,
Et que vois-tu du haut de l'air? »
— « Je ne vois que le ciel et l'onde
Avec les vagues de la mer! »

— « Va, monte encore, petit homme,
Jusqu'à la pomme il faut monter...! »
Et quand le mousse est sur la pomme,
Le mousse s'est mis à chanter!

L'équipage prêtant l'oreille :
— « Que vois-tu du haut du grand mât? »
— « Je vois Toulon! je vois Marseille!
Le Bec de l'Aigle, la Ciotat!

« Je vois trois belles demoiselles

Qui se promènent sur le bord ! »

— « Vaillant mousse, qu'elles sont belles !..

C'est le moment de chanter fort !

« Le capitaine t'en donne une,

Avec un vaisseau tout doré !... »

— « J'ai bien gagné la belle brune

En risquant d'être dévoré ! »

●

Les figures riaient... — « Ces enfants, c'est le diable !
Celui-là va mourir ou du moins c'est croyable ?
Ah ! ouiche ! il grimpe en haut comme Petit-Poucet !...
La force de l'espoir, voyez-vous ce que c'est ! »
— « C'est vrai, dit le marin ; j'ai vu la mort certaine
Vingt fois, — eh bien voici François le capitaine !
Tant que l'événement ne m'est pas arrivé,
Je n'y crois pas ! — Le reste, on peut l'avoir rêvé. »

Et Miette écoutant cette bonne parole,

Dit : « Finon se trompait ! Rien n'est vrai ! j'étais folle !
Un malheur aussi grand ne m'arrivera pas !... »

— « As-tu semé du blé de Noël sur des plats ? »
—« Oui,— à la Sainte-Barbe. »— « Et cela me fait joie...
Apporte un peu ce blé, pour que je le revoie ! »

On buvait, on fumait ; on parlait bruyamment.

Elle apporta le blé... François, un bon moment,
Regarda les brins droits dans la soucoupe blanche,
Souffla dessus, rêvant au blé mûr qui se penche,
Et dit : « Voilà l'espoir, la Noël, le retour !
Salut, blé du pays !... c'est toi l'herbe d'amour !

TROISIÈME PARTIE

CHANT II
HISTOIRE DE RIRE

PRÉLUDE
LA PAROLE

LA PAROLE

PRÈLUDE

La bise est quelquefois maligne,
L'hiver est quelquefois méchant;
Laisse au dehors dormir ta vigne
Et bois son vin d'où naît le chant!

Quand la plaine est molle de pluie,
Le vieux paysan prisonnier
Derrière la vitre s'ennuie
A voir le blé vert se noyer.

Mais ceux qui vivent au village
Par chambrée assemblés le soir
Passent le temps en verbiage
Oubliant le dehors tout noir!

Le bon calèn d'huile d'olive
Luit jusqu'au fond des yeux malins;
Le feu de vigne, flamme vive,
Chante au bruit des verres trop pleins.

« Dis-nous, compère, un de tes contes... »
Ah! les bons vieux contes salés!
On n'entend plus le vent qui monte
Ni l'eau qui peut noyer les blés!

Un mot, — et le souci s'envole!
Si le conteur y met du sien,
Pendant une heure il vous console;
Il vous tient là, s'il parle bien.

Il vous tient pendus à ses lèvres;
Sa langue vous mène avec lui;
Le dernier des gardeurs de chèvres
Est par là maître de l'ennui!

LA PAROLE.

Enfin si le conteur sait dire,
Vous auriez beau ne pas vouloir,
Quand il le veut, vous devez rire
Et vous sentir gai tout un soir !

Il faut rire à l'antique histoire
Qu'un de vous de son père apprit...
Et je sens là toute ta gloire,
Vieille puissance de l'esprit.

Parole ! ô pouvoir qu'ont les hommes
D'imiter tout avec un son !
Toi qui fais voir ce que tu nommes,
Père et mère des arts qui sont !

Sans toi, lumière créatrice,
Le Réel tient caché le Beau,
La Force ignore la Justice,
Et l'Espoir meurt sur un tombeau !

La Raison, sans toi, reste vaine ;
L'art du poëte qui t'accroît
Du rythme qui bat dans sa veine,
Se dit le plus grand à bon droit !

Et, — toi dont les chants populaires
Et les vieux contes primitifs
Ont le mieux gardé, sources claires,
Les premiers bruits imitatifs, —

Je t'aime encore, moi qui t'aime
Fille des lèvres et de l'air,
D'égayer le paysan même
Quand le soleil est mort, — l'hiver.

CHANT II

HISTOIRE DE RIRE

... Et des Noëls, on en chanta de toute sorte.
Tous partaient au refrain de leur voix la plus forte,
Et maître Antoine, gris, ne dormait pourtant pas,
Tant vive était la joie, après ce beau repas.

Puis, un voisin joua des scènes de la crèche,
Imitant tour à tour Marie à la voix fraîche,
Saint Joseph, son époux, à la ronflante voix,
Et les gestes de ces personnages de bois :

D'abord l'Ange descend, au bout d'une ficelle,
Sa trompette à la main, annonçant la Nouvelle :
« Bergers de ces coteaux ! » et les bergers surpris :
« Il parle francihot comme ceux de Paris !...
Parla-nous prouvençaoù ! » La scène continue ;
Puis, lorsque la Nouvelle est en tous lieux connue,
Chacun porte à Jésus ses plus riches présents,
Les pâtres, des agneaux ; les Mages reluisants,
(Dont un nègre !) offriront le coffret magnifique,
Et le pauvre flûteur, son âme et sa musique.

 — « ... A ce matin, — j'ai rencontré le train
 De trois grands rois qui partaient en voyage ;
 A ce matin, j'ai rencontré le train
 De trois grands rois qui passaient par chemin ! »

« A vous, voisin Joseph ! »—« C'est qu'il pleut quand je chante !
Et puis... je ne sais rien ! » — « Le rieur ! il plaisante ! »
— « Je ne chante jamais. »—« Tu contes, c'est bien mieux.
— « Je commencerai donc, mais... soyez sérieux ! »
On rebourra la pipe, on rapprocha sa chaise,
Et pour mieux écouter chacun étant à l'aise,

Le farceur, gravement, sans sourire une fois,
Conta ce conte-ci, — qu'il inventait, je crois :

SAINT MICHEL

« Il s'agit des gens de Six-Fours...
(A Marseille on dit de Martigues;)
... Jamais bernant, bernés toujours,
Gens sans malice et sans intrigues,
Et qui peuvent prendre en un jour,
Si l'on veut leur jouer le tour,
Les raisins muscats pour des figues,
Et la flûte pour le tambour !

Or un an que la sécheresse
Faisait des siennes alentour,
Et rôtissait tout comme au four,
Le curé dit après la messe :
« Faut prier, pour qu'il plaise à Dieu

De pleuvoir, — ne fût-ce qu'un peu.
C'est sûr que s'il veut, — il le peut ! »
Les Six-Fournains dressent l'oreille...
Sans comparaison d'animaux,
Ils dressent l'oreille à ces mots,
Car de sécheresse pareille
On n'avait pas vu de longtemps
Et Dieu veuille d'ici cent ans
N'en pas mander à nos enfants !
Les blés jaunes dès le printemps,
Les pampres rouges sur la treille,
Pas de suc aux fleurs pour l'abeille,
Pas aux grappes pour la bouteille,
Et la terre qui s'ensoleille
S'ennuyait de soif, nom d'un nom !
Et te bâillait de long en long
D'Antibes jusqu'en Avignon,
En passant par Digne et Marseille !

Les Six-Fournains, jugez un peu,
Sous le ciel toujours d'un gros bleu
Pechère ! n'avaient pas beau jeu,

Perchés sur leur colline en pointe

Qui craquait par le sec disjointe,

Et qui n'eût pas donné de l'eau

De quoi faire boire un oiseau

Ou mouiller le bec d'une cruche,

Quand ils l'eussent, les braves gens,

Avec des puits dans tous les sens

Percée à jour comme une ruche !...

Tant pis pour qui si haut se juche !

Au bout de trois jours révolus

De miséréré, d'orémus,

Et de tous les amens connus,

Quand ils eurent prié Jésus

Et tous les saints du saint royaume :

— « Que récolterions-nous ? du chaume !

Dit un vieux, s'il ne pleuvait plus ?

Eh donc, puisque saint Michel chôme,

Et nous accueille de refus,

Voici ce que moi je conclus :

Un brancard et le saint dessus

Et partons pour la Sainte-Baume ! »

Le curé leur prêta le saint,

Un magot assis, de bois peint,

Sculpté sans doute à coups de hache,

Jaune de barbe et de moustache,

Bleu de cheveux et d'habit vert,

Qui portait sur un fil de fer

Son auréole trop en l'air,

Et de côté... comme un panache!...

On prend le saint ; on vous l'attache

Sur deux pins abattus exprès ;

On fait quelques petits apprêts :

Les carniers ne restent point flasques,

Et l'on n'oublià pas les fiasques.

Quatre hommes prennent le brancard,

Sur l'épaule un bon bout de branche,

Campent une main sur la hanche,

Et — les voilà prêts au départ.

Ils étaient suivis de deux autres

Pour remplacer les fatigués,

Et voilà mes six bons apôtres

Qui moitié tristes, moitié gais,

Bénis par le curé qui chante,
Par leurs femmes pleurés d'un œil,
Emportent sur la route en pente
Saint Michel dans son bon fauteuil!

Là-haut, tout Six-Fours, l'âme en peine,
Suivit bien longtemps du regard
Les six Six-Fournains dans la plaine
Qui marchaient d'un pas de départ.
Ai-je dit : six? Qu'on me reprenne!
Derrière les six — en retard,
Un gros bon mulet oreillard
Qui porte à ses flancs, le gaillard,
Manne double et d'avoine pleine,
Me gâte ma demi-douzaine!
Ce mulet suivait pour le cas
Où, grâce à sainte Magdeleine,
Il pleuvrait gros comme le bras :
En ce cas, pourquoi perdre haleine
A porter sur échine humaine
Un saint massif en bois de chêne!
C'est bon pour un saint qu'on emmène

De marcher à dos de chrétien ;
Mais quand il a, par faveur grande,
Accordé ce qu'on lui demande,
Au saint dont on n'attend plus rien,
Le dos d'un mulet suffit bien !

Ils allaient d'abord d'un pied leste ;
Mais au bout de quelques cent pas
Il leur fallut quitter la veste
Qu'ils se passèrent sur le bras.
Car le mulet... par saint Sidoine !
Nos Six-Fournains ne songeaient pas
Que ce gaillard, gras comme un moine,
N'était chargé rien que d'avoine,
Et c'est pourquoi, déjà bien las
Ils portaient, en geignant tout bas,
Chacun sa veste et son repas.
Et l'avoine, foi d'honnête homme,
Était pour la bête de somme,
Croyez-moi, oui, pour le mulet...
Pourquoi riez-vous, s'il vous plaît ?

En entrant aux gorges d'Ollioules,
Des enfants qui jouaient aux boules
Dirent : « Té, vé ! des Six-Fournains ! »
— « Et comment le savez-vous, drôles ? »
Le plus petit de ces gamins,
Faisant porte-voix de ses mains :
— « Quand on promène ainsi les saints,
Il faut être pareils d'épaules !
Les deux géants, les quatre nains
Et le mulet, — sont Six-Fournains ! »

Les six hommes se regardèrent,
D'un commun accord s'arrêtèrent
Et le saint, — ils le déposèrent
Sur le parapet du torrent,
Qu'un jardin d'orangers embaume !...
Le plus grand dit : — « La farce empaume !
Je suis de retour de la Baume !
C'est vrai, mon compère est trop grand. »
Mais le compère : — « Il voit ma paille,
Et sa poutre, il ne la voit point !
C'est toi le trop grand ! » — « Pas besoin

Dit un autre, qu'on se chamaille.
Mettez-vous près ; — bon ; — un peu loin.
Bon ! vous êtes égaux de taille ! »
Et tous les six, de désespoir,
Dirent des « sacrés !... » fallait voir !
Ce qui n'était pas leur devoir,
Surtout dans un pèlerinage
Qu'ils faisaient pour faire pleuvoir !
— « Il faut reprendre le voyage,
Dirent-ils enfin tous les six ;
Que les deux grands, par essayage,
Remplacent deux des trop petits...
(Heureux saint Michel, d'être assis !) »

Ils essayent... Le saint bascule !
Donc, à se faire remplacer
Les quatre durent renoncer.
Retourner était ridicule :
Six-Fours même eût ri de Six-Fours !
Que faire donc ? marcher toujours !
Et par un chaud de canicule
C'est pourquoi le soir le Bausset

Vit cette bande qui passait,
Huit Six-Fournains dont un mulet
Et le saint de bois... qui pesait !

Ils cheminèrent de la sorte
La nuit, sous le ciel chaud d'été,
Et pour voir le saint et l'escorte,
Dans les villages en gaîté
Chacun paraissait sur sa porte.
De bonne heure, le lendemain,
Ils passaient à Saint-Maximin.
A Nans, les vieilles paysannes
Leur firent offre de leurs ânes
Qui sont bâtés pour les Anglais,
En leur criant : « Regardez-les !
Ils sont du pays d'où vous êtes,
Et ce sont de très bonnes bêtes ! »
Le sentier qui monte fut dur.
S'ils suaient, je le crois ! de sûr !
Les deux premiers pliaient l'échine,
Les deux autres se faisaient grands,
Et tels (suivis des deux géants) !

Et du bon vieux mulet qui dîne,
Mâchant les chardons et l'épine,
Cahin-caha le saint chemine,
Et nos piétons dans la ravine
Font rouler les cailloux sonnants.

Ils montent ainsi la colline...
Té! les voilà sur le plateau...
La Sainte-Baume, que c'est beau!
Le bois est vert, bien nourri d'eau,
Au Nord, sous la grotte est la source ;
Allez-y voir ; ça vaut la course.
Quel beau bois, mes amis de Dieu!
Des arbres viennent en ce lieu,
Qu'on voit en Russie, en Norwège,
Sous les ciels de pluie et de neige,
A Paris, aux pays du froid!
Enfin, c'est un sublime endroit.
Si fraîche en terre provençale,
Cette forêt n'a pas d'égale
Dans le pays de la cigale...
Juste au-dessus de la forêt,

Dans le roc, la grotte apparaît,
Noire comme une gueule ouverte
Qui veut manger la forêt verte !
Un cabanon est à côté
Par des capucins habité,
Comme un nid dans le roc planté.
Enfin le Saint-Pilon domine ;
C'est le mont au-dessus duquel
La Sainte, par grâce divine,
Aux bras des anges, en plein ciel,
Volait et planait comme en rêve,
Toute nue et blonde comme Ève.
Quand jusqu'à la cime on s'élève,...
On voit la mer ! — et sur la grève
La Ciotat, — Marseille, — Toulon,
Plaine, montagnes et vallon,
... La Provence... de long en long !

Les Six-Fournains, comme on peut croire,
Ne montèrent pas jusqu'en haut,
Mais, las et suant comme il faut,
Ne songeaient qu'à manger et boire.

Ils s'arrêtèrent dans le bois

Et s'assirent tous à la fois.

Les carniers s'ouvrent. On débouche

Les fiasques, — qu'on porte à la bouche;

Le mulet broute, — et le saint... louche.

Ils commençaient ce bon repas

Quand tout à coup : — « Tu n'entends pas ?

Je crois qu'il pleut ! »—« Rien qu'une goutte !

Eh non, il ne pleut pas. » — « Écoute !

L'eau qui tombe à travers le pin !... »

— « Oï ! j'en ai reçu sur la main ! »

— « Moi sur le pied ! j'en suis certain ! »

— « Moi sur le nez ! sans aucun doute ! »

— « MIRACLE ! IL PLEUT ! » Et les chemins

Déjà se changeaient en rivières,

Que nos six braves Six-Fournains

Disaient : « Je crois qu'il pleut, compères ! »

L'eau trempa leur vin et leurs pains...

Et nos gens, — exaucés trop vite ! —

Et que déjà le diable excite,

Mal contents d'être là sans gîte,

Regardent de travers le saint
Déjà sous l'eau presque déteint !
En quelques minutes, la troupe
Fut saucée... un poulpe... une soupe.

Ils ne songeaient pas au couvent
Où l'on ouvre à tout arrivant !
Ils n'avaient qu'une seule idée :
Six-Fournains partout et toujours,
C'était, pour fuir la grosse ondée,
D'aller s'abriter à Six-Fours !

Au moment de se mettre en route,
Voyant comme le saint dégoutte
Les quatre porteurs dirent : — « Non.
Le porte qui veut, nom d'un nom !
Nous voulions qu'il pleuve, sans doute,
Mais, grand saint, un peu de raison !
Après si longue sécheresse,
Tu pouvais nous laisser sans presse
Rentrer d'abord à la maison !...
Portez-le, vous deux, camarades ! »

Dirent-ils aux deux grands gaillards.

Ceux-ci font de mauvais regards :

— « Portez-le, vous! » — Et des deux parts

On s'attaque d'abord d'œillades,

Puis de gros mots, puis de bourrades,

Et le mulet s'épouvantant

De l'eau, du tonnerre grondant,

De tout le fracas qu'il entend,

Comme un cabri fait des gambades,

S'affole et, donnant de la voix,

Tout en broûments et pétarades,

Vous flanque deux ou trois ruades

Dans le poitrail du saint de bois

Qui dans le ravin débouline

Et plus vite qu'il n'est monté

Descend du haut de la colline...

Cette fois, sans être porté !

Toute la bande alors s'approche

Au bord du ravin, sur la roche,

Et d'une voix pousse ce cri :

« Tu y es,... nigaud !... restes-y ! »

Et sous l'eau qui vous les transperce,
Le mulet les suivant toujours,
Ils s'en vont! maudissant l'averse
Qu'ils venaient chercher de Six-Fours!

La pluie étant près de se taire :
... « C'est qu'il fallait ça pour la terre!
L'oiseau chante; l'arbre est plus vert;
Et puis le vin sera moins cher!
Nous avons fait pleuvoir, c'est clair,
A faire déborder la mer.
C'est la fin de la sécheresse! »
Et nos gens, emplis d'allégresse,
Vous lançaient les chapeaux en l'air!

Six-Fours reparut dans la plaine
En pain de sucre à l'horizon.
Ça ne leur fit pas de la peine
De revoir chacun sa maison.
Mais l'un d'eux fit : — « Oï! vois ces souches!
La poussière est encor dessus! »
Et tous les six, — ouvrant des bouches! —

Regardent, confus et déçus,

Autour d'eux, devant et derrière

Les pampres blancs, blancs de poussière!

Ils ouvrent les yeux et le bec :

Oh! coquin de sort! tout est sec!

Le lézard dort, la terre bâille,

La cigale partout criaille,

Et sur les clapiers, la pierraille

Et l'olivier, — midi dardaille!

Saint Michel vous fait de ces tours...

Il n'avait pas plu sur Six-Fours !

Et les bonnes gens sur leur porte

Criaient à nos six pèlerins

Quand ils rentrèrent : « Oh! coquins!

Si la sécheresse est plus forte,

La faute est à vous, malandrins,

Forçats, gueux, marrias, gourrins,

Voleurs, démolisseurs de saints ! »

Enfin... (il faut que je le dise!)

Le saint fut par un charretier

... Dans une charrette à fumier !...
Rapporté devant son église.

Devinez ce qui se passa ?
Le curé dit : — « C'est pas tout ça !
Ayant pour le pèlerinage
Fourni mon saint en bon état,
Je le veux tel qu'on l'emporta,
Verni, peint-neuf, et cætera.
Ou bien on verra qui rira ! »

Et le saint resta là pour compte !

Il avait le nez fracassé,
Un de ses yeux d'émail cassé,
Et déteint, noir, dévernissé,
Il faisait peur et faisait honte !...
C'est ça qui pouvait fâcher Dieu,
De voir un saint sans feu ni lieu !

A la fin, le Conseil s'assemble.

Et, — discours du maire : « Il me semble
Que de le laisser là, — c'est mal ! »
Tout le conseil municipal
Eut même avis... en général !
Le maire reprit : « Où le mettre?
Personne ne veut plus le voir !
Et s'il reste en plein air, peut-être
Que Dieu ne fera plus pleuvoir !
J'ai donc une idée, à savoir :
Comme il ne passe ici personne
De ces coquins qu'on emprisonne,
Six-Fours étant perché trop haut,
Voici mon idée... En un mot,
Notre prison est inutile,
(Ce n'est pas comme dans la ville!...)
Zou! dites-moi si j'ai raison :
Fourrons le saint dans la prison !

Tout le conseil fut unanime.

Et, sans avoir commis un crime,
Le saint fut en prison conduit

Sans procès, scandale ni bruit,
Le jour même, — mais dans la nuit.

Il est en prison. Son œil brille
Derrière les barreaux de fer,
Et les enfants, garçon ou fille,
Ont peur de le voir, sous la grille,
Sans nez, — un singe ! une guenille !
Plus noir qu'un diable dans l'enfer ! »

Pendant tout ce récit, le conteur, l'air sévère,
Avait fumé sa pipe et regardé son verre
Car on est sérieux quand on a de l'esprit.
Mais quand il eut cessé, — le rire qui le prit,
Comme un coup de canon domina tous les autres.
—« Ah ! compère Joseph, quels contes sont les vôtres ! »
Et le rire nourri pétillait et grondait.
De nouveau sérieux, le conteur regardait
Autour de lui, ravi, fier de voir les figures,
Rouges, fermer les yeux et montrer les dentures ;
Et c'était un concert de rire, — air et refrains, —

Mistral et vents coulis, — flûtes et tambourins ; —
Et dans ce train-coquin qui semble une dispute,
Le rire de Miette est plus doux que la flûte.
« J'en mourrai ! »—« Je suis mort ! »—« Quel rire, braves gens!
Déjà propos pareils, des plus encourageants,
Avaient aux bons endroits coupé le joyeux conte,
Et sans parler du rire en germe qu'on surmonte,
Les éclats qu'on faisait toujours plus longs, plus fous,
(En frappant les genoux des voisins à grands coups
Pour se communiquer le malin de la chose),
Présageaient au conteur, forcé de faire pause,
Le succès qui s'accrut, jusqu'à la fin montant !
— « De grâce, arrêtez-moi de rire pour l'instant ! »
Criait l'un.—« Ah ! mon Dieu ! Mion, j'ai mal aux côtes !»
Et dans ce branle-bas François dit à ses hôtes :
— « C'est l'instant de lever le coude, mes amis !
Voyez-vous, — en tout temps le bon boire est permis,
Mais après la fatigue il devient nécessaire ! »
Et, le rire cessant, chacun leva son verre.

— « ... C'est bon de rire un peu sur la fin d'un repas,
Reprit François, j'ai ri. — Mais ça n'empêche pas

Que, malgré votre histoire et vos plaisanteries,

J'irai, vienne l'été, voir les Saintes-Maries-

De-la-Mer, en Camargue; oui, j'en ai fait le vœu.

Étant dans un péril j'ai promis devant Dieu,

Et si tu veux, Mion, petite Mariette,

Tu viendras avec moi, cet été, voir la fête

Des Saintes-de-la-Mer, — dont tu portes le nom. »

— « Si ma mère y consent, moi je ne dis pas non, »

Dit Mion, qui songea : « De ce pèlerinage

— Si le bon Dieu le veut — viendra mon mariage ! »

Et lorsque les amis se furent retirés,

Et que Miette en haut dormait à poings serrés,

François dit aux parents : « Écoutez, mon beau-frère,

Ma sœur; j'ai mes projets; il faut me laisser faire.

Nous irons en Camargue, — à bord d'un bon bateau;

... Et le fils du patron, mon ami, riche, beau

Et jeune, épousera, s'il vous plaît, votre fille.

Il me faut un marin, jeune, dans ma famille,

Et riche. J'ai promis ma nièce à mes amis... »

— « Notre fille tiendra ce que l'oncle a promis ! »

TROISIÈME PARTIE

CHANT III
LA COTE

PRÉLUDE
LES VILLES

LES VILLES

PRÉLUDE

Des vieilles villes de Provence,
Laquelle a le prix de beauté?
Et d'abord Avignon s'avance
Avec le vieux pont si chanté.

Le palais des papes surmonte
Son front couronné de créneaux;
En grondant, le Rhône qui monte
La lèche de ses grosses eaux.

*Du levant, Saint-Tropez la Calme,
Auprès d'elle vient se ranger
Élevant dans ses mains la palme,
L'algue marine et l'oranger.*

*Du fond des collines vient Digne
Qui, par son pierrailleux sentier,
Nous porte, enguirlandés de vigne,
Le chêne vert et l'amandier.*

*C'est elle qui fit de lumière
L'esprit net de ce Gassendi
Qui toucha l'esprit de Molière
Lumineux comme le Midi.*

*Puis, ceinte de lierre et d'épines,
Jonchant de pierres son chemin,
Marche Fréjus tout en ruines,
Tout en pleurs, la croix dans sa main.*

*Et, sur le Rhône, Arles se lève,
Portant ses Arènes au front,
Vieux arceaux où le passé rêve,
Où tant d'hirondelles naîtront.*

Ses pas foulent les pierres creuses
De ses Aliscamps où le soir
Les garçons et les amoureuses
Devant la Mort parlent d'espoir!

Dans sa main la Vénus se dresse,
Qui, — marbre beau comme la chair! —
Lui ressemble et naquit en Grèce,
Cheveux ondés comme la mer!

Puis vient la ville du silence,
Aix, — Versailles du Roi René, —
Tenant les Lois et la Balance...
Mirabeau fut son dernier-né.

Puis Toulon paraît, toute ceinte
De rochers gris et d'arsenaux,
Poussant des cris de femme enceinte,
Toujours en travail de vaisseaux...

Et, joûtant pour le prix entre elles,
Toutes se font un regard fier...
Mais, ô Provence, tes plus belles
Sont celles que baise la mer!

Et parmi toutes, c'est Marseille,
Fille des Grecs et des Gaulois,
La cité si jeune et si vieille,
Reine dédaigneuse des rois.

Mille bateaux, fumée et voiles,
Tiennent dans le creux de sa main;
Son front de phares et d'étoiles
Fait sur la mer luire un chemin.

Et toutes, — quand elle s'avance
Jetant ses flottes sur les eaux, —
Soufflent l'âme de la Provence
Dans les ailes de ses vaisseaux!

CHANT III

LA COTE

Les jours suivant les jours, l'an tourne, le temps passe,
D'un pied toujours pareil, et pour tous, quoi qu'on fasse,
Pour l'heureux et le triste il fuit également,
Si bien qu'enfin pour tous la vie est un moment.

Depuis Noël, il a coulé de l'eau sous l'arche !
L'hiver pâle a poussé devant lui dans sa marche
Son troupeau mugissant de nuages venteux,
Les neiges sur les monts lointains, les ciels douteux

Où la lumière semble en lutte avec la pluie,
Et ces jours où la plaine est déserte et s'ennuie,
Car la terre est trop molle et le bon travailleur,
Oisif, passe son temps à l'espérer meilleur.
Il regarde du seuil le blé court qui frissonne ;
Les sarments dépouillés de pampres par l'automne,
Puis coupés et liés en javelle, à présent
Pétillent de gaîté dans le foyer luisant,
Fils des vignes, — bavards comme le vin, leur frère,
Qui brille et parle aussi du soleil dans le verre,
Cependant qu'au dehors les ceps noirs et noueux,
Forcés de renfermer leur vieille force en eux,
Tout nus sous le couchant glacial qui rougeoie,
S'endorment tristement, eux, pères de la joie.
L'olivier par bonheur, le laurier toujours vert,
Le pin, les font rêver d'un pays sans hiver.

Le jour suivant le jour, les cerises sont proches.
Miette, qui se fait les plus poignants reproches,
A rongé son souci, dévoré ses regrets.
Noré ne lui dit rien, même en lui passant près,
Et de nouveau l'on dit qu'il est tout à Norine.

Mion renferme en soi la peur qui la chagrine,
Le souvenir du mal que lui prédit Finon.
« Une chose pareille ! est-ce possible ? oh, non !
Trop bon est Dieu pour qu'un si gros malheur m'arrive ! »
Et d'y songer, la pauvre est plus morte que vive !
Mais d'y croire ? jamais ! — c'est encore une enfant
Que rien, — pas même un peu de vice, — ne défend,
Et quand elle s'écoute en sa chair, la pauvre âme,
La fille à l'abandon, honteuse d'être femme,
Dit parfois : « Mon malheur me parle, en moi vivant ! »
Puis : « Non, — je rêve. On croit aux choses, en rêvant ! »
... Contre le mal lui-même il faut de la malice.

Pendant ce temps, le fier Noré suit son caprice.
Eh, pardi ! quand on a le beau mal des vingt ans,
Qu'on se donne plusieurs amours dans un printemps,
Et qu'on s'est fait voleur de filles sur les routes,
Comment faire, — voyons, — pour les épouser toutes !

Pourtant si le malheur... impossible !... était vrai,...
Mais il n'est pas vrai ! — non, — mais enfin, — que ferait
Miette ?... A cette idée, elle se sent en elle

Comme un coup de colère, une force nouvelle,
Une indignation dont tout le sang lui bout!...
Sans doute qu'elle irait alors, poussée à bout,
Lui parler comme il faut, à ce gueux, tête à tête!
... « Mais non, il a le droit d'oublier!... je suis bête! »

... Mars fuit, avril s'en va ; le joli mois de mai
Avec les rossignols revient, tout parfumé.
Et voici juste un an qu'au bord de la rivière
L'aubépine au courant donnait sa fleur première
Et que Mion la vit, présage de malheur,
Noyée au fil de l'eau, la blanche et triste fleur!

— «... Tôt! dit l'oncle un matin ; tôt, ma fille! es-tu prête?
Le vent souffle bon frais ; la Camargue est en fête ;
Le bateau du collègue attend. — On part demain! »

Elle songe : « Dieu va sur moi tendre sa main ;
Dieu lui-même, de sûr, m'ordonne ce voyage.
Les saintes m'aideront, voudront mon mariage...
Oui, par vous, le malheur que m'a prédit Finon,
O saintes! ne sera qu'un rêve du démon! »

Ils sont sur le beau brick le *Suffren*, capitaine
Fournier, un vieux marin de vieillesse incertaine
Que depuis soixante ans la mer a ballotté
Du royaume du Phoque à l'empire du Thé,
Toujours content, qu'il ait ou non le vent en poupe.
Son fils Toussaint, — depuis qu'il mange seul la soupe,
L'a suivi sur son bord, beau petit de vingt ans
Que tourmente beaucoup son âge de printemps
Et qui, voyant Miette, a songé dans lui-même,
Sur-le-champ : « Je la veux pour ma femme, je l'aime!...
Mais nous aurions dû faire un voyage plus long ! »

Bon vent frais. Le *Suffren* est parti de Toulon.
Il vient d'y débarquer des blés, — une fortune, —
Devant le vieux balcon de la maison commune,
Que soutiennent les deux portefaix du Puget
Vers lesquels ce matin son beaupré s'allongeait.
Il eut bien quelque mal à sortir de la rade,
Mais maintenant il va comme à la promenade;
L'oncle François, content, le fait voir à son air,
Et vif comme un marsouin, il respire la mer.
Mion n'a point de peur. — François dit : — « C'est ma nièce!

Bon sang ne peut mentir... c'est une fine pièce :
Ça ne craint pas la mer ! D'ailleurs pas de danger !
Que le bateau chavire, — on la verra nager ! »

Sous son voile argenté de brume soleilleuse,
Luit dans le clair matin la côte merveilleuse,
Depuis les îles d'Or, la presqu'île de Gien,
Faron gris sur Toulon, Six-Fours — qui se voit bien !—
Et Bandol, — jusqu'au Bec de l'Aigle qui se penche
Vers la Ciotat, au bord du flot bleu toute blanche.
Ici la vague bat des falaises de roc
Qui droites, peu à peu se creusent par le choc ;
Elle brode plus loin la courbe de la plage,
Et, dans les golfes pleins de bateaux au mouillage
Elle s'en va lécher sur les roches du bord
Les pins dont la racine au plein soleil se tord ;
Et sur les penchants doux comme sur la falaise
La vigne s'étageant mûrit partout à l'aise,
Offrant au vent d'Afrique, exposant au Midi
Sous le pampre en festons son beau fruit attiédi.
Au flanc roux des coteaux taillés en étagères
La verdure suspend ses dentelles légères,

Figuiers et câpriers, palmiers de loin en loin,
Et l'oranger blotti dans le plus chaud recoin.

Là-bas, sur l'Océan, par l'assaut des marées
Croulent en blocs noircis les côtes déchirées,
Et le flot règne seul sur le rivage amer...
Ici c'est un jardin qui descend à la mer.

Elle est là, sur la mer, pas ailleurs, la Provence !
Le Flot bleu court vers elle, elle vers lui s'avance.
Rois tous deux, l'un vers l'autre ils viennent en chantant,
Lui sous le bleu manteau de lumière éclatant,
Les vaisseaux dans ses mains et couronné d'écume,
Elle avec son bouquet dont tout l'air se parfume.
Même dans la colère il la caresse encor,
Et n'ose rien ôter à sa parure d'or ;
Elle, venant à lui sans changer de visage,
Garde jusqu'en ses bras la fleur de son corsage !
Mais c'est sa fiancée. Ils s'aiment. Leurs amours
Font ce bruit de baisers que l'on entend toujours !

Au vent d'Est nuageux la mer se faisait grise.
Toutes voiles dehors le brick suivait la brise,

Et sur le pont nos gens, — assis, debout, fumant, —
Regardaient le rivage et causaient doucement.
Le patron admirait son brick filant grand largue,
Miette se voyait arrivée en Camargue,
Toussaint, la dévorant des yeux, brûlé d'amour,
Cherchait l'occasion de lui faire sa cour,
Et François, bénissant leur mariage en rêve,
Bâtissait leur maison — sur un point de la grève
Qu'il savait — à son goût, au fond d'un petit port,
Où chassant et pêchant il attendrait la mort.

— «... Est-ce que, dit Mion, la mer sera méchante? »
— « Non... mais de se fier aux chansons qu'elle chante,
On aurait tort, — surtout s'il nous vient du mistral !
Quand il souffle dans son porte-voix, on est mal.
Tenez, j'ai traversé, par ce vent du tonnerre,
Le golfe du Lion fréquentes fois... Misère !
Là, si la mer montait égale avec le vent,
Nos vaisseaux les plus gros y resteraient souvent !...
Mais elle n'y vient pas de très loin ; de Port-Vendre,
Par là ; c'est ce qui fait que l'on peut se défendre ! »
— « Toi, dit François, tu n'as rien vu de si mauvais

Que les glaces là-bas au pôle, non jamais !
Sur la *Zélée*, avec d'Urville, étant novice,
J'ai commencé par là quarante ans de service...
Ce que c'est que la vie et par où nous passons !
Figurez-vous qu'on marche entre de hauts glaçons...
Tenez, imaginez les gorges d'Ollioules
En glace ! sans genêts pardi ! ni farigoules !
Mais avec des ours blancs pour lapins !... Un malheur !
J'en ai vu des pays... Té, voilà le meilleur !... »
Et François étendait la main vers le rivage.
Le brick passait devant Bandol, le beau village
Qui chante, — martelant, dès l'heure du réveil,
Ses tonneaux, et bêchant l'immortelle au soleil.

Fournier dit : « Ce Dumont d'Urville ? on le renomme ;
La mort l'a pris trop tôt ; c'était un bien bon homme...
Était-il de Marseille ou de Toulon ? » — « Du Nord,
Je crois,... mais, dit François, pour être brave et fort
Penses-tu qu'avant tout il faut être des nôtres ?
Tiens,—en mer, les Bretons passent avant nous autres ;
Suffren peut saluer Jean Bart ! » — Et sur ce mot,
François toucha son vieux bonnet de matelot.

— « Allons! cria Fournier, voilà que le vent vire!
Et nous allons l'avoir sur le nez du navire! »
Puis au bout d'un moment : « Pour sûr, c'est du mistral
Qui se prépare. On va danser. — Souffle, brutal! »

« L'Océan, reprit-il, est un mâle : on l'appelle
Océan; mais chez nous la mer est bien femelle,
La gueuse! Et j'aime mieux l'autre avec son grand dos,
Sa longue-grosse lame et ses montagnes d'eaux,
Que celle-ci, la chatte, avec ses pattes douces,
Sa lame courte et vive et ses brusques secousses!...
Tenez, sentez-vous pas qu'il semble, coups sur coups, —
Flouc! flouc! plaf! — que la mer manque toute sous nous? »

Il fallut relâcher le soir même à Marseille,
Le vent l'ayant voulu... Toujours jeune et si vieille,
La ville apparaissait, dans le calme du soir,
Magnifique, et Miette, heureuse de la voir,
Battait des mains disant : « Que c'est beau! qu'elle est riche! »
Les rochers, les villas dentelaient sa corniche;
Tous les vitraux lançaient des éclairs d'or vivant;

Et les platanes verts, touffus, chantant au vent,

Venaient jusqu'à la mer en larges avenues ;

La jetée écumait, et dans l'éclat des nues,

Sur son haut mamelon, la Notre-Dame d'or

Reluisait, protégeant les mâts pressés du port.

— « ... Si vous saviez comment Marseille fut bâtie ? »

Dit Toussaint, — et Mion, leste à la repartie :

« Elle n'a pas poussé, je parie, en un jour ! »

Il répondit : « Marseille est l'enfant de l'amour ! »

Et se tut : il était gêné près de la fille.

Mais étant attablés, le soir, comme en famille,

Il lui vint en l'esprit de faire son savant,

Et prenant un bouquin qu'il feuilletait souvent,

Le seul livre du bord, — dépareillé, — de lire

A haute voix, voulant que Miette l'admire.

— « Bien pensé, se disait François, c'est un mâtin !...

Mais au moins, cria-t-il, ça n'est pas en latin ? »

— « Non, en français. » – « Tant mieux ! » Mion prit la parole :

— « Moi, — le français, je l'aime ; on l'apprend à l'école.

Dans les Crèches et dans nos Chansons en patois

C'est le parler de Dieu, des Anges et des Rois... »

C'était après souper, sur le pont, sous les voiles
Qui séchaient dans le ciel sans brise et plein d'étoiles.
Devant eux mille mâts pressés semblaient un bois...
Toussaint, près du fanal, lisait, — soignant sa voix :

— « ENVIRON six cents ans avant l'ère chrétienne,
Des Phocéens, quittant la mer Ionienne,
Arrivèrent d'abord près du Tibre romain,
Puis, poursuivant le long des côtes leur chemin,
Parvinrent jusqu'au Rhône, et là, pleins d'allégresse,
Trouvant ce beau pays aussi beau que la Grèce,
Demandèrent au roi Nannus, chef redouté,
Le droit d'établir là leur tente, et leur cité.

« Justement Nannus, roi des Ségobriges, père
De Gyptis, glorieux de son peuple prospère,
Par la guerre affermi, dans la paix triomphant,
Célébrait le repas de noces de l'enfant.
Et durant ce repas, — telle était la coutume, —
C'est Gyptis qui devait, blonde en son blanc costume,
Parmi les conviés choisir selon son cœur,
En offrant, toute pleine, une coupe au vainqueur.

« Le chef des Phocéens, Protis, prit place à table
Parmi les fiers guerriers du prince redoutable,

Tous Gaulois bien armés, farouches, presque nus,
De qui les arts n'étaient pas encore connus.

« Au milieu du repas, la jeune souveraine,
Gyptis, entra, — tenant en main la coupe pleine.
Ses yeux clairs rappelaient l'eau de la coupe d'or;
La coupe reluisait, ses cheveux plus encor;
Et Gyptis regarda lentement l'assemblée,
Vit l'inconnu Protis, — et, doucement troublée,
Blanche, marcha vers lui, qui ne savait pourquoi,
Et dit : « Je vous choisis pour époux. Buvez, roi!

« Elle c'était la Gaule, et lui c'était la Grèce.
Ils n'eurent qu'à se voir pour sentir leur tendresse
Et de ces noces d'or naquit, en souriant,
MASSILIA, la sœur des reines d'Orient. »

... O Miette! avez-vous bien compris mon histoire? »

— « Il va te demander de lui servir à boire! »
Dit François, — qui lui mit le fiasque dans la main!

Mais elle : — « Excusez-moi ; je suis lasse. A demain. »

Toussaint resta confus... — « Voyez-vous la petite !
Dit François ; mais aussi nous allons un peu vite. »

— « C'est juste, dit Toussaint ; plus tard je parlerai... »

Lorsque parlait Toussaint, Mion songeait : Noré !

TROISIÈME PARTIE

CHANT IV
LA CAMARGUE

PRÉLUDE
LE RHONE

LE RHONE

PRÉLUDE

Là-haut, près la noble Genève,
Au pied des monts — il est d'azur,
Mais chez nous, où son cours s'achève,
C'est un fleuve de limon pur!

Le cheval à crinière jaune,
Nez écumeux, front de taureau,
C'est le Rhône indompté, le Rhône,
Couleur d'or et de bon terreau!

Il bondit, galope et dévale ;
Et de lui voir les reins si forts,
— Nez au vent, hennit la cavale
Qui venait boire sur ses bords !

Les ardents troupeaux qu'il abreuve,
Les taureaux noirs, les chevaux blancs,
— De humer l'air qui vient du fleuve,
Sentent l'amour gonfler leurs flancs.

Le Mistral fou qui le chevauche
Est son égal, non son vainqueur !
Et la Provence est sur sa gauche :
La gauche est le côté du cœur !

La Durance, — qui n'est pas morte ! —
Veut ce vieux mâle pour époux...
Elle l'atteint ; — et lui l'emporte !
Ils mêlent leurs lits de cailloux.

Ses fureurs avec l'amoureuse
Ont laissé ce désert brûlant,
Lit de noces, la Crau pierreuse,
Faite des cailloux du mont Blanc !

LE RHONE.

Ah! qu'il est brave, le beau fleuve!
Vieux chemin qui court à la mer
En lutte avec la force neuve
Des locomotives de fer!

Plus d'une barque y court grand largue
Portant blés et vins qu'il a faits,
Et c'est lui qui fit la Camargue,
Et, du coup, les bœufs camarguais!

Il a fait Lyon et Valence,
Arles, voisine d'Avignon,
Et lorsqu'à la mer il se lance,
Il lui fait peur, le compagnon!

... Le cheval à crinière jaune,
Nez écumeux, front de taureau,
C'est le Rhône indompté, le Rhône,
Couleur d'or et de bon terreau!

CHANT IV

LA CAMARGUE

Avant l'amour, le cœur du jeune homme est pareil
A la terre qui rêve espérant le soleil.
Le ciel d'aube est tout pâle ; à peine un buisson bouge,
Puis, au-dessus des monts, le ciel se raie en rouge...
Et la terre frissonne... Ainsi, dans les vingt ans,
Les hommes au sang jeune, aux cœurs chauds, bien battants,
Sentent déjà l'amour sans connaître l'amante.
Un frisson les agite ; un rêve les tourmente.

Puis tout à coup la fille apparaît; il fait jour!
Et l'être tressaillant s'éveille en plein amour.

Toussaint se disait donc : « L'amour m'a saisi l'âme
Comme un coup de soleil! Oh,—je l'aurai pour femme!»

Mais la vie est un jeu du sort, où les baisers
Et les désirs du cœur volent entrecroisés,
Souvent perdus pour ceux à qui tu les envoies.
L'échange est difficile, et rares sont nos joies.

Miette, à son réveil sur le brick matinal,
Revit Marseille, ouvrant au port comme un canal
Sa riche Cannebière, où les tentes de toiles
S'enflaient aux brises, — sœurs sédentaires des voiles.
... On dirait que si près de la mer vaste, à voir
La toile sur les mâts vibrants s'enfler d'espoir,
Elles veulent, rêvant Stamboul et l'Amérique,
Tous les miroitements d'un sillage féerique,
La vie aventureuse et l'inconnu lointain.
Entraîner lentement, sur les flots, un matin,
Les maisons tout d'un coup en pleine mer flottantes,...

Et voilà le désir qui soulève les tentes !

... Restez, marchands du port, restez dans les maisons !
Vos maux seraient pareils sur tous les horizons ;
Nous ne devons pas tous faire le tour du monde !...
Les voiles vous diront comment la terre est ronde,
Et que leur bon moment c'est encore le retour.
Goûtez, — dans le repos, — le travail et l'amour.

— « ... Si notre chant français s'appelle *Marseillaise*,
C'est que les Marseillais n'ont point la voix mauvaise,
Et ne l'ayant pas fait ils l'ont le mieux chanté ! »

Ainsi parlait Toussaint, par son brick emporté ;
Et Toussaint parlait d'or. C'est une bonne gloire
D'avoir bien dit un chant qui dit toute une histoire !
Écrits, les mots sont morts, mais dans le souffle et l'air
Ils ont tout leur esprit, sur les lèvres de chair !
Le beau de leur destin, c'est d'aller par le monde
Calmant, troublant les cœurs comme le vent fait l'onde,
Volant de bouche en bouche, et, portés par la voix,
Tenant sous leur pouvoir tout un peuple à la fois.

Quand le *Suffren*, par un bon vent, quitta Marseille,

Sur le pont—des poissons sautaient dans leur corbeille,

Congres et loups pêchés par l'équipage à bord,

Et d'autres, achetés à des pêcheurs du port,

Rascasses, rouquiers, sars, langoustes et dorades,

« Deux jours de bouillabaisse enfin ! mes camarades, »

Disait le vieux patron aux hommes enchantés...

Et le brick revoyait les rocs diamantés,

Les calanques, tendant leurs beaux bras aux chaloupes,

Les grands pins-parasols qui dominent par groupes,

Les chênes-verts penchant volontiers vers la mer;

Les villas au soleil respirant le bon air,

Blanches sous les festons frémissants de la treille,

Et tandis que fuyait derrière lui Marseille

Les hauts mâts et les monts tout perle et diamant,

La côte au loin suivait comme un enchantement.

Le brick y voit courir dans la pinède verte,

Apparus, — disparus tout à coup sous la Nerte, —

Les trains de fer, serpents sifflants, soufflant le feu,

Lançant un blanc nuage épars dans l'air tout bleu.

Il voit Séon la rouge, avec sa terre à briques,

Les Salins scintillants par carrés symétriques,

La Venise du Sud, Martigues, dont on rit,

Mais qui, tranquille, et sans penser aux gens d'esprit,

Entre l'étang de Berre et la mer bleue assise,

Rit d'être pauvre, heureuse et belle,—quoi qu'on dise...

C'est un nid de pêcheurs, — reflétant dans les eaux

Cent voiles, comme autant d'ailes de grands oiseaux ;

Voyez ; une eau bouillie avec la rousse écorce

Des pins, leur a donné sa couleur et sa force,

Et dans ces voiles d'or, seins gonflés et vivants,

L'âme heureuse des pins murmure encore aux vents.

Ils sont beaux, nos pêcheurs ! — Les uns tirent à terre

Le grand filet, qui sort des flots pleins de mystère,

Emperlé, secoué par leurs bras vigoureux.

Les autres, en bateau, le traînent derrière eux

Et balayent les fonds d'algues et de rocailles.

D'autres prennent les thons dans de plus grandes mailles ;

C'est la madrague : on voit de la queue et du dos

Les thons luire et bondir, flots vivants sur les flots.

Et puis, tous les petits pêcheurs de la cannette,

Leurs roseaux dépassant de cinq mètres leur tête,
Immobiles, debout, assis sur les rochers,
Suivent du rêve au loin les navires penchés.
— Leur panier sur l'épaule, une main sur la hanche,
Ceux-ci courent, pieds nus, dans la grand'route blanche,
Deux, trois heures, — afin de verser les premiers
Aux villes, des poissons sautants dans les paniers !
— Plus d'un pêche au flambeau par les nuits sans étoiles,
Et tous ont des bras forts, dorés comme les voiles !
... O mon pays d'amour ! Dans ma joie à t'aimer,
De ce qui te fait beau je voudrais tout nommer !

Et la Camargue enfin parut dans un mirage,
Et Miette se vit au bout de son voyage
Quand le brick dépassa le canal Saint-Louis,
Et le grand Rhône, ardent à ses yeux éblouis.
Là-bas, le petit Rhône au soleil luit de même.
Le fleuve en ses deux bras presse l'île qu'il aime,
Et de ces mêmes bras il tient, — droits dans la nuit,
Dans les vents, il tient bon, — sur la lame et le bruit, —
De ses poings de colosse aux puissantes étreintes,
Le phare Pharamand et le phare des Saintes,

Flambeaux géants qu'il garde allumés sur ce bord
Pour protéger la Vie, — et qui veillent sa mort!

La Camargue apparaît, la lande verte et jaune
Faite des flots de sable entassés par le Rhône
Qui la porte en avant pour repousser la mer,
Quand il sent que déjà le vent lui vient amer
Et qu'il va se noyer aux grandes ondes bleues.
La lande fuit là-bas, loin, loin, durant des lieues,
Plate, luisante, avec ses lacs et ses marais
Fiévreux, où la tortue en vain cherche le frais.
Sur ces bords chauds, fangeux, désolés et fertiles,
Les tamaris noués rampent comme reptiles.
Naissant et renaissant des eaux, le moucheron,
Qui suit bêtes et gens, par bandes danse en rond
Dans l'air chargé de sel, de miasmes et de fièvre.
Les enfants du pays, la pâleur sur la lèvre,
De trop près dans leurs jeux ont respiré d'abord
Ce sol d'où le fécond soleil tire la mort!
Et seuls les noirs taureaux et les chevaux sauvages
Mangent la saine vie à flots sur ces rivages,
Ruminant avec l'herbe et mâchant avec l'air

Les vigueurs du mistral, du Rhône et de la mer.

Et tel est leur amour pour l'ardent pâturage,

Que, tirés de leur île, on les voit à la nage

Traverser le grand Rhône, — et l'écume aux naseaux,

Mugissants, défier ses mugissantes eaux !

Ils sont vaillants aussi, fils aussi du vieux Rhône,

Les pasteurs de taureaux dont la selle est un trône,

Et le sceptre un trident, les rois de ce désert,

Sur leurs petits chevaux maigres, aux pieds sans fer,

Selle arabe, étriers fermés et crins incultes,

Bruns quand ils naissent, gris plus tard et blancs adultes.

La corde suspendue et roulée aux arçons

Est en poil de leur queue, — et les rudes garçons

Qui poussent ces chevaux pleins de nerf et de grâce

Sont comme eux Provençaux et Sarrazins de race...

Et c'est beau, sur la mer, quand le soleil se fond,

De voir la plaine, — avec les Saintes dans le fond

A l'abri du clocher crénelé qui nous parle

Des temps où le païen remontait jusqu'en Arle,

Où pour le repousser l'église de ce bord,

L'église même avait ses machines de mort,

C'est beau de voir la nue au loin qu'un rayon perce,

Les arbres confondus qu'un mirage renverse,

Les marais et le fleuve et la mer — rougissant

Comme un champ de bataille inondé par le sang,

Et dans la pourpre obscure, où tout s'abîme et nage,

De voir, grandis au loin par l'effet du mirage,

Deux bouviers camarguais, sur leurs chevaux ardents,

Gouverner cent taureaux du bout de leurs tridents!

La Camargue apparaît entre les bras du Rhône.

Sur l'Est la vaste Crau, non moins plate et plus jaune,

Toute pelée, étend son désert de cailloux

Où pousse une herbe courte, un gramen sec et roux

Que les troupeaux, perdus d'espaces en espaces,

Coupent avidement avec leurs dents voraces,

Chassant pour découvrir çà et là les brins verts

Le galet protecteur qui les a recouverts,

Tandis que les labris, les chiens au long poil rude,

Veillent sur eux, et que, — droit dans sa quiétude, —

Son bâton à la main, l'âme flottante au vent,

Le pâtre au grand chapeau les oublie en rêvant.

L'été, quand ces troupeaux, rassemblés en armée,

Regagnent l'Alpe fraîche où l'herbe est parfumée,

Muet, donnant à peine à ses chiens un conseil,

Il les suit, l'âme errante et mêlée au soleil.

Mais c'est là, dans la Crau si vaste et si paisible

Qu'il semble un roi pasteur des âges de la Bible,

Le pâtre, quand debout, du long manteau couvert,

Sceptre en main, — il regarde au loin, dans son désert !

La Camargue et la Crau, filles du Rhône libre,

Sont libres ! Le Mistral, c'est leur âme qui vibre !

Et le Champ de cailloux et l'Ile au sol bourbeux

N'ont pour rois que le pâtre et le gardeur de bœufs !

La mer jadis venait jusqu'à la Crau peut-être,

Mais le Rhône aux reins forts, qui ne veut pas de maître,

Partout rongeant toujours ses bords, plaines et monts,

Charrie obstinément sables, pierres, limons,

Et, se sentant mourir, de ses deux bras d'Hercule

Les chasse devant lui — dans la mer qui recule !

Et même lorsqu'enfin il est pris dans la mer,

On peut le voir, un temps encor, terrible et fier,

Avec des cris que ceux des vagues feront taire,

Dans l'eau couleur d'azur—marcher, couleur de terre !

O notre père ardent, vieux Rhône limoneux !

C'est ton orgueil, c'est toi que tes fils ont en eux,

Fleuve plein de terreau fécond — et de lumière,

Dont le Mistral jaloux tord et mord la crinière,

Cheval au sang mêlé du sang des taureaux forts,

Qui te laisses monter, — mais sans bride et sans mors !

Un jour, m'étant baigné, Rhône, dans tes eaux rousses,

Je conçus tes vertus formidables et douces,

Et je chantai, le soir, — d'un accent plus nerveux,

Le Rhône même, avec du Rhône à mes cheveux !

Où le Rhône finit peut finir la montagne !

Jusqu'à la mer le nom des Alpes l'accompagne ;

Les Alpes l'ont vu naître aux blancs glaciers du Nord :

Les Alpilles, de loin, le suivent vers la mort,

De leurs pics déclinants où le soleil éclate

Dentelant l'horizon de la Crau nue et plate.

Tel apparaît de loin, de la mer, aux vaisseaux,

Ce pays que le Rhône a créé de ses eaux,

Que de ses eaux sans cesse il accroît et féconde,

Le bon père, — l'aïeul dont le dos porte un monde !

— «... La fête est dans trois jours. Allons chez nous d'abord, »

Dit Toussaint. Avec lui François était d'accord.

Un char à bancs les prit pour traverser la plaine.

Toussaint parlait beaucoup... Mion parlait à peine.

Parfois ils traversaient de noirs troupeaux de bœufs

Debout, couchés, rêvant, sur les ajoncs bourbeux

Et ruminant le sel et les plantes amères.

— « J'ai peur ! » disait Mion. — « N'ayez peur que des mères,

Quand elles ont le veau ! » disait, fleurette aux dents,

Leur voiturin, — fouettant deux camarguais ardents.

Des groupes de taureaux sur le bord de leur route

L'herbe pendante au mufle et l'oreille à l'écoute,

Les regardaient venir, — puis lents mais curieux,

Tournaient la tête afin de les suivre des yeux...

Plus loin, deux, trois poulains, queue au vent, tête haute,

Pris d'une peur d'enfants, détalaient côte à côte...

Sylveréal passa, bouquet de pins-pignons
A dômes réguliers comme des champignons ;
Puis ils virent un char qui portait vers les villes
Les poissons des étangs, carpes, muges, anguilles ;
Puis Toussaint salua la cure de Boismeaux,
Le château dans le parc où frêne, chêne, ormeaux,
Platanes et sapins embrouillent leurs ramures...

Un double souvenir chante dans ces murmures.
Les bouviers de Camargue ont connu Miollis,
L'évêque... — Ame suave et droite comme un lis,
Évêque, par ma voix la Provence te loue ! —
Et son frère, — qui fut gouverneur de Mantoue,
Vécut ici. — Soldat que touchait la Beauté,
Il accrut d'un laurier dans le marbre sculpté
Sous les lauriers d'Andès le tombeau de Virgile.

O souvenir tressé de gloire et d'évangile !

Un accident survint ; le palonnier rompit.
Lombard, le voiturin, d'un air triste, leur dit :

« C'était le palonnier de Monseigneur ! »—Brave homme !
Il a fréquentes fois conduit, comme il le nomme,
Monseigneur. Il l'a vu là-haut, dans l'évêché,
A Digne, doux au pauvre et clément au péché...
Et Lombard à Toussaint conta cette aventure :

Un jour que je menais Monseigneur en voiture,
A travers les coteaux rocailleux, les vallons
Qui n'en finissent plus,—mauvais chemins, et longs !—
A travers l'amandier dans les pierres : « Arrête,
Mon bon ami ! » dit-il, mettant dehors sa tête.
Le chemin descendait : « J'arrêterai plus bas ! »
—« Arrête, mon ami, de grâce ! »— « On ne peut pas ! »
... Il fallut enrayer ! — Pourquoi ? qu'on le devine !
... En face était Montmaur,— là-bas, sur la colline,—
Pays des charbonniers...— « Je veux bénir, mon bon,
Ces braves gens qui font pour nous si beau charbon ! »

Et Lombard s'animant :—« Quelquefois le cher homme
Montait un âne gris, brave bête de somme
Qu'on habillait pour lui d'un beau drap violet,
Et lorsque le chemin se faisait puis trop laid,

L'âne allait seul, suivi de loin par le bon prêtre,
Et les gens du pays, prompts à le reconnaître,
Devant l'âne tout seul répétaient à genoux
Les signes de la croix et les bénissez-nous !...
Puis venait Monseigneur... qui bénissait ensuite ! »

Et Mion souriait. — Et Lombard qui s'excite :

— « Et quand il s'en allait à Paris ! — Je le vois,
Ce bon cœur ! — et j'entends encor sa bonne voix !
Il disait : « Je m'en vais chercher du nécessaire, »
Car nos pays alors étaient pleins de misère,
Et quand il retournait, — j'ai vu, par mon patron !
Tout Digne à sa rencontre, oui, jusqu'à Sisteron !
Tout un peuple accourait des bords de la Durance...
Lui : « Réjouissez-vous !... j'apporte l'abondance,
Mes amis ! » criait-il de loin, levant les bras !...

— « A t'écouter, Lombard, nous n'arrêterions pas.
D'ailleurs, l'histoire est bonne, et moi qui la sais toute,
C'est toujours avec grand plaisir que je l'écoute.
Mais... voici ma maison ! » dit le patron Fournier.

La ferme reluisait de l'étable au grenier ;

Dans la salle d'en bas, large et belle cuisine,

Brillaient poêlons, chaudrons, casserolles, bassine,

Bien rangés sur le mur par de soigneuses mains ;

Dans la grille de bois ciré, luisaient les pains.

En un moment la mère avait dressé la table.

Trois chevaux camarguais piaffaient devant l'étable,

Et trois bouviers dont l'un était Fournier cadet,

Entrèrent. On se prit la main, on bavardait,

On riait en buvant, on donnait l'accolade ;

Et la mère à son fils aîné faisait l'œillade

En le regardant lui, puis Mion tour à tour,

Et murmurait : « Garçon, je comprends ton amour ! »

Le lendemain, on fit visite aux blés, aux rives

Que mordait le petit Rhône de ses eaux vives,

Chantant dans les roseaux au pied des tamaris.

Mion regardait tout avec des yeux surpris,

Les mûriers, les magnans, les blés, tant de richesse,

Et les chevaux au loin libres, beaux de vitesse,

Le cou tendu, partant ensemble deux à deux,

Mêlés tout blancs, tout nus, aux troupeaux noirs des bœufs.

— « Voyez-vous ce troupeau ? c'est là notre manade,
Et ce soir nous aurons chez nous une ferrade. »

Et le soir vingt taureaux étaient marqués du fer :
La marque des Fourniers grésillait dans leur chair.

Toussaint disait : « Cela me rappelle l'enfance !
En Arles, aux grands jours, c'est la réjouissance,
D'aller sur le chemin par où, baissant le front,
Aux arènes conduits, les taureaux passeront !
Les gardiens sont autour, — mais chacun pousse et crie
Afin de mettre un peu les bêtes en furie !
Et lorsque des taureaux fâchés sortent du rang,
Le monde les évite ou les suit en courant !...
On en voit, — quel plaisir ! — entrer dans les boutiques !
La nuit, on les enferme aux Arènes antiques,
Mais avant, on les a fatigués jusqu'au soir !...
Té, vé ! saurais-je encor le métier ? un peu voir ! »

Et Toussaint s'avançant vers une jeune bête,
Qui, le voyant venir si fier, baissa la tête,

Prit les deux cornes dans ses mains, comme un étau,
Et secoué, traîné, le front ruisselant d'eau,
Il criait : « Laissez-moi ! que personne n'approche ! »
Puis enfin se planta solide comme roche,
Et, par surprise, — ayant renversé ses efforts, —
Il la coucha sous lui, meuglant, langue dehors !

— « O Miette ! dit-il, n'ayez pas peur qu'il bouge !
Je le tiens ! marquez-le vous-même du fer rouge !... »
Elle eut peur. Le cadet le fit, et tout d'un coup
Elle vit le taureau mordu du fer, debout,
Secouer sa peau noire en frissons, — reconnaître
Le vent, partir d'un bond, beugler et disparaître !
Et quand il fut sorti des arbres d'alentour
On le revit au loin, par la feuillée à jour,
S'enfuir, la queue aux flancs, frappant l'air de ses cornes,
Et fier, — quoique petit, — sur le lointain sans bornes !

« Ah ! dit Toussaint, par les grands jours, c'est bien plus beau !
Les bouviers à cheval courent sur le taureau,
Le tombent de la lance en lui frappant la croupe !
C'est fort. — J'avais quinze ans quand j'étais de leur troupe...

A cheval, — n'est-ce pas, maman? — j'avais bon air!
... Mais je garde à présent les moutons de la mer.
Je suis laboureur d'eau. C'est drôle, quand j'y songe !
La mer m'a fait la main, — voyez, — comme une éponge.
Par le travail de terre on a des mains de bois.
L'homme change, suivant son métier, je le vois!
J'étais fait pour la terre ! »

       Et la mère attendrie,
Regardant son aîné : « Qui sait? S'il se marie,
Peut-être il quittera la mer ! tant mieux, tant mieux !
On a besoin de ses enfants quand on est vieux. »

— « ... Ah ! si vous pouviez voir nos fêtes ! Quelle chose !
Aux plaines de Meyran, le cirque est grandiose !
Sur les chars renversés, un peuple est alentour !
Il tient un quart de lieue !... On chante tout le jour ! »

Ainsi disait Toussaint... n'osant dire le reste,
Et songeant : « Ça se voit, la fille me déteste ! »

Mais le soir, tous deux seuls, brusquement il lui dit :

— « Vous allez me trouver un jeune homme hardi !
Mais l'amour m'a surpris dès que je vous ai vue...
Rien qu'à vous regarder tout le cœur me remue,
Et je n'aurai bonheur qu'avec vous. — Tout mon bien,
Nous le partagerions, même vous n'ayant rien.
Vous avez vu nos bœufs, nos blés, nos vers à soie,...
Vous commanderez tout ; Mion, faites ma joie :
Le brave oncle François le veut ; mon père aussi ;
La mère, — j'ai compris cela, — dira merci,
Et, bonheur ou malheur, nous mourrons dans le nôtre ! »

Mion le regardant lui dit : « J'en aime un autre. »

— « Et lui, vous aime-t-il assez bien, — pour savoir ? »

Elle se tut.

— « Alors, c'est un gueux !... J'ai l'espoir ! »

TROISIÈME PARTIE

CHANT V

LES SAINTES-MARIES-DE-LA-MER

PRÉLUDE

DE PROFUNDIS

DE PROFUNDIS

PRÉLUDE

Couverts de leurs maux, chargés de leur crime,
Baignés dans leurs pleurs,
Ils criront vers Dieu du fond de l'abîme,
Du fond des douleurs.

Pâles, frissonnant des pieds à la tête,
Et le cœur amer,
Leur mal les tordra, — comme la tempête
Tord la vaste mer.

Les vierges diront : « L'amour fait le monde,
  Et tu le défends ! »
Les mères diront, d'une voix profonde :
  « Qu'ont fait les enfants ? »

L'un dira : « Seigneur, le mal qui m'accable,
  Dont j'ai trop souffert,
— Quand tu m'en chargeas, étais-je coupable ?...
  Tu m'en as couvert ! »

Un autre dira : « Que mon cri te touche !
  Rien ne t'est caché :
Tu sais si l'on peut détourner sa bouche
  Des fruits du péché ! »

L'autre a blasphémé : « Ta loi nous ordonne
  De souffrir sans fiel ;
Le bien pour le mal ; il faut qu'on pardonne
  Pour complaire au ciel !...

« ... Si quand j'ai mal fait, tu rends en souffrance
  Le mal à mon corps,
Quelle est entre nous, — dis, — la différence,
  O Maître des forts !

« *D'ailleurs, le péché lui-même nous semble*
  Un vrai châtiment! »
Et tous ont crié, pleurant tous ensemble :
  « *Réponds, Dieu clément!* »

... *Tous ont attendu dans les tabernacles*
  Que Dieu répondît,
Par sa grande voix, la voix des miracles,
  A l'homme maudit...

Mais tous vainement, l'oreille à la porte,
  Ils ont écouté...
« *Justice du ciel, serais-tu donc morte*
  Dans l'éternité? »

CHANT V

LES SAINTES-MARIES-DE-LA-MER

C'est le grand jour de fête aux Saintes. Le village,
— Seul, droit, sur le désert sans ombre de la plage,
Où vient le salicor rampant, aimé des bœufs,
Où l'eau saumâtre dort dans les fossés bourbeux, —
A hissé ce jour-là drapeaux, flammes et tentes,
Et tout un pauvre peuple en loques éclatantes,
Les uns voués au blanc, au bleu, — d'autres aux deuils!
Parmi les habitants qui regardent des seuils,

Et les chars renversés sous lesquels on s'abrite
A l'ombre, — marchandant quelque image bénite
Ou quelque chapelet aux vendeurs ambulants,
Tout un peuple, petits enfants, vieillards tremblants,
Manchots, borgnes, pieds bots, fiévreux, femmes et filles,
Traînant malheurs, douleurs, guenilles et béquilles,
Pauvres endimanchés, flétris, affreux à voir,
Portent, sous leur laideur, la beauté de l'Espoir.

Entre les mendiants, les gens de pâle mine
Que tient la maladie ou qu'une douleur mine ;
Des rares qui sont sains parmi ces étrangers,
Les uns ont fait des vœux dans quelques grands dangers,
Les autres sont venus prier pour un malade,
De rares curieux y sont en promenade,
Mais parmi tout ce monde, on peut voir fréquemment
Sur un cheval — un couple amoureux et charmant.
L'Arlése au profil pur, — dont la fraîche poitrine,
Sous les fichus ouverts et bombés, se devine
Et se voit battre un peu, malgré les mille plis
Qui lui donnent du mal mais qui sont si jolis, —
Avec ses noirs cheveux qui font des vaguelettes,

Couronnés du velours en larges bandelettes
Dont un grand bout pendant flotte sous le chignon,
D'un bras faisant ceinture à son fier compagnon,
En riant aux éclats tressaute sur la croupe,
Et la force et l'amour n'ont pas de plus beau groupe.
... Et si jeunes sont-ils, qu'avec le cœur chrétien
Du mal qui les entoure ils ne voient même rien !

Les châsses descendront à midi dans l'église.

Les habitants sont gais.

— « Le temps nous favorise, »
Dit l'un d'entre eux chez qui Miette et ses amis
Déjà sont attablés devant le couvert mis.
« ... Le soleil fait toujours arriver plus de monde :
Nous en avons besoin ! Une lieue à la ronde
Vous ne trouveriez pas un morceau de terrain
Assez sec, assez bon pour nous donner du grain.
Pauvres gens, nous vivons sur le sable, sans vigne,
Sans olivier, sans blés, ni rien ; on s'y résigne ;
On boit l'eau de citerne, on a la fièvre, bien.

Avouez cependant qu'on ne vit pas de rien.

Mais Dieu veillait. Il a poussé sur notre plage

Les Saintes dont les os sont l'honneur du village,

Notre seul vrai secours dans la soif et la faim,

Le trésor du pays, notre récolte enfin !

Car pour la fête nos maisons sont des auberges ;

Un seul lit vaut de l'or ; pain et vin, fleurs et cierges,

On vend de tout : c'est la vendange et la moisson !...

Sans ça je vous aurais pour rien dans ma maison. »

Il détacha du mur une image flétrie :

Dans un bateau lancé sur la mer en furie,

Sans rames et sans mâts, par les Juifs d'Orient,

Les trois Saintes debout, visage souriant,

Salomé, Jacobé, Magdeleine, aux tempêtes

Tendaient leurs voiles fins arrondis sur leurs têtes,

Et le groupe divin voguait, blanc, jaune et bleu,

D'Orient en Camargue où le conduisit Dieu.

Mion leva des yeux humides sur l'image.

Et le Saintin : « Salut, patronnes du village ! »

Il les remit au mur, et reprit : « Une fois,

Un Monseigneur nous vint avec plusieurs Aixois

Et des dames, — trop tard, au moment où la Châsse

Se remontait au bout des cordes, à sa place, —

Vous savez comme un seau dans un puits,—dans la nef.

(Elle demeure en bas un jour, une nuit...) Bref,

L'archevêque voulut la faire redescendre.

Il donna l'ordre... aï! aï! ce fut un bel esclandre!

Que serait-il de nous? Ça deviendrait un jeu,

Si trente fois par an, je vous demande un peu,

Les châsses descendaient pour plaire à l'archevêque!

On le lui dit; il dit : « Je veux! » — On lui rebèque.

Il monte dans la chaire et prêche contre nous.

Mais on n'écoutait pas. — « Braves gens, à genoux! »

Disait-il,—à des sourds!...Les femmes font leurs larmes,

Mais les hommes parlaient de décrocher les armes,

Et répondaient toujours à « je veux » : « nous voulons! »

L'archevêque et les siens montrèrent les talons. —

... Si dix fois l'an, j'espère un miracle, j'abuse!

La volonté de Dieu n'est pas qu'on s'en amuse! »

Tous regardaient leur hôte avec étonnement :

« On osa menacer l'archevêque ! » — « Oui, vraiment !
Réfléchissez un peu. Ne faut-il pas qu'on mange ?
J'ai gardé ma moisson, l'évêque, et ma vendange ! »

— « Tenez, ajouta-t-il, c'est votre heure ; allez voir ;
Et soyez exaucés, braves gens. A ce soir.
... Surtout n'oubliez pas le puisard dans l'église :
L'eau mauvaise, en ce jour par miracle est exquise ;
Il faut en emporter pour vos amis au loin.
... Il faut aussi veiller sur la bourse avec soin
Car les bohémiens dans la chapelle basse
Sont maîtres, sont chez eux : c'est un droit de leur race.
...Vous pourrez voir leur Reine... On dit, — je ne sais pas —
Que les Saintes venaient de son pays là-bas. »

— « Allons à nos devoirs, mon oncle, » dit Miette,
Car ce pays perdu la rend plus inquiète.
« Saintes, exaucez-moi !... Oh ! je les prîrai bien !
Si Dieu veut, le passé même ne sera rien ! »

Ils vont, et se sentant approcher d'un mystère,
Graves, les trois marins ne peuvent que se taire.

Sauf une fois, pas un ne desserra les dents.

François parla. — De voir les murs reluire, ardents,

Peints en clair, rose ou bleu, de teintes éclatantes,

Ombrés de loin en loin par un plafond de tentes,

Il dit seulement : « Tiens ! je me semble en Alger. »

Devant l'Église, un peuple. On ne peut plus bouger.

Sous un coup de soleil à chauffer une forge,

La foule du dehors, — car l'Église regorge, —

Brûle, et pareille à l'eau stagnante des marais,

Exhale un miasme impur comme le Valcarès,

Car vieillards en haillons, nouveaux-nés dans leurs langes,

Tous ces pauvres maudits sont pleins de maux étranges !

Les uns sont des blessés dans les guerres, débris

D'hommes, — les poings coupés, les yeux pourris, —

Ouvrage merveilleux de quelque chef sublime

Acclamé par son peuple et payé pour le crime !

D'ouvriers, peu ou pas : le mécanicien,

De ce qui n'est pas l'homme et l'esprit — n'attend rien ;

Mais beaucoup de fiévreux dont l'air hagard effraie,

De chétifs, dévorés vivants par quelque plaie,

Et tous ces malheureux, du dernier au premier,

C'est la race de Job, et l'horrible fumier !

Autour, des gens épars rôdent, — âmes en peine
Tristes de renoncer à l'Église trop pleine,
Parmi lesquels Mion vit, — allant et venant, —
Une femme au corps svelte, au maintien surprenant,
Toute en haillons de pourpre où l'or des colliers sonne,
Face de bronze ayant au front une couronne...

Ton royaume, dis-moi, Bohême, quel est-il ?
— « Il est vaste ! et les rois m'y visitent ! — L'Exil ! »

Tout passe, et les créneaux qui couronnent l'Église
Parlent, blancs sur l'azur, des temps où par surprise
Les Sarrazins bronzés débarquaient sur ce sol,
Rois des vagues, traînant l'incendie et le vol.
Quand ils venaient, poussant leurs barques au rivage,
Oiseaux de mer, jetant comme elle un cri sauvage,
Le peuple s'enfermait dans la maison de Dieu
D'où les flèches pleuvaient avec la poix en feu...
L'Église est toujours là, debout ; mais l'hirondelle,
Nichant dans les créneaux, crie et vole autour d'elle !

A force de peser en avant, par progrès
Insensibles, nos gens eurent le seuil tout près,
Puis, dans un mouvement qui se fit sur la porte,
Ils se virent entrés sans voir de quelle sorte.

L'Église est trop petite, — et dans l'air étouffant
Où flottent embrouillés cris, appels, pleurs d'enfants,
Jurons réprimés, chants préparés en sourdine,
Un grand soupir : l'Espoir mystérieux, — domine.

Accrochés sur le mur, partout, des ex-voto.
Ici, comme un jouet, pend un petit bateau ;
Là, des fusils crevés ; des langes, des guenilles ;
Et par-dessus tableaux et faisceaux de béquilles,
Des moellons en saillie, au lieu de quelque saint,
Portent là-haut, pendus et pressés en essaim,
Et jusque-là montés on ne peut savoir comme,
Des groupes, femmes, vieux, l'enfant au bras de l'homme,
Grappes noires qu'on voit, près de tomber parfois,
Se coller au mur plat qui fatigue les doigts.

La foule au-dessous d'eux prie et pleure, et bourdonne,
Anxieuse, attendant que la grande heure sonne.

La Châsse descendra par ce volet étroit,

Plaqué près de la voûte au flanc du haut mur droit,

Que le regard de tous à chaque instant consulte,

Et vers qui tous les cœurs s'élancent en tumulte.

O porte de l'Espoir, ton bois dans ce vieux mur

Est plus beau que l'or fin enchâssé dans l'azur !

Et quand tu t'ouvriras, ô porte des merveilles,

Ce sera pour montrer des choses non pareilles,

Des nuages divins ondés comme des flots,

D'où surgiront, ailés, de petits angelots

Soutenant de la main, de l'échine et des ailes

Les trois saintes, avec la Vierge au-dessus d'elles,

Qui portant le bonheur de tous ces malheureux,

Vont le faire pleuvoir dans les rayons sur eux !

Le volet s'ouvre. Alors, comme allumés d'eux-mêmes,

Mille cierges en feu brillent ! moment suprême.

Pas une main qui n'ait son cierge vacillant,

Faible lueur, pareille à l'espoir suppliant,

Et tous ces malheureux, tenant ces tristes flammes,

Semblent porter en main vers Dieu leurs pauvres âmes.

Cantiques, taisez-vous ! — Parlez, ô cœurs blessés :

— Ah ! pitié ! n'ai-je pas, Saintes, souffert assez !
—Faites marcher mes pieds !—Faites-moi voir, ô Saintes !
—Faites parler mon fils !—Grâce, écoutez nos plaintes !

— « ... Saintes, j'ai cru parfois sentir bouger mon flanc !
J'ai péché ! mais voyez, je vous prie en tremblant,
Saintes !... Et toi surtout, Vierge, vois ma misère :
Mère, délivre-moi de la peur d'être mère ! »

Au sein de tous ainsi, remords, désir, frayeur,
Roule, obscur et muet, l'orage intérieur :
Exaucez-moi ! Pitié pour nous ! Miséricorde !

Et la Châsse apparaît ! glisse, — et tendant la corde,
Descend ! — Un long cri part, fait de mille douleurs.
Et la Châsse,—un cercueil rougeâtre, peint de fleurs,—
Par secousses descend sur le peuple en prière,
Lentement, lentement, de son dur ciel de pierre...
Elle arrive, on se hausse, on se presse alentour.
Ceux qui l'ont pu toucher, sont touchés à leur tour...

Qui l'a vu, ne peut plus oublier ce spectacle.

Tout un jour, une nuit, implorant le miracle,

Les gens se traîneront vers la Châsse, à genoux,

Les bras tendus, criant : Saintes ! exaucez-nous !

On se disputera pour couche — le couvercle !

Et la Châsse immobile est là, centre d'un cercle

Effrayant — de désirs, d'impuissance et de cris !

♥

Et Mion, détournant ses regards attendris,

Les porte par hasard sur un vitrail qui brille.

Le dehors luit. Le ciel, tout rayé par la grille,

Regarde ces dedans affreux, mais calme, pur,

Il rit d'indifférence avec tout son azur.

L'oncle dut arracher Miette de l'Église.

La pauvre se sent triste à la fois et surprise

De voir tant de malheurs sur un point rassemblés,

Et le monde est confus dans ses esprits troublés.

Toussaint la guette un peu, cherchant à voir son âme,

Et plus il la regarde, et plus l'amour l'enflamme.

Et Mion se disait : « Si Dieu voulait pourtant,
Les Saintes à mes yeux paraîtraient dans l'instant,
Et me diraient : « Allez, Mion, Noré vous aime ! »
Et l'enfant malheureuse ajoute en elle-même :
« La Châsse est encor là... Quelquefois, ô mon Dieu,
Juste au dernier moment votre miracle a lieu ! »

Et voici venir l'heure où la Châsse remonte.
L'Église est pleine encor. L'heure sonne. On la compte.
Et la Châsse se meut comme un être vivant,
S'agite, et la voici déjà se soulevant...

La corde s'est tendue, et le départ commence.

Quoi ! vas-tu les quitter, ô Puissance, ô Clémence,
Grand Dieu ! sans soulager seulement l'un d'entre eux !
... Les rocs s'attendriraient devant ces malheureux !
S'ils portaient aux tombeaux cette plainte inouïe,
La Mort se lèverait pour consoler la Vie !
Et toi, sourde à leurs cris, leur as-tu résisté,
Châsse où dort le pouvoir divin de la bonté !

Leur as-tu donc menti, Châsse en forme de bière?
Ne caches-tu pas même une vie en poussière,
Et — vide — contiens-tu, cercueil où rien ne dort,
Le néant plus muet et plus sourd que la mort?

« Il est dans ce cercueil fermé, dans cette caisse
Que voici, que je vois et que ma bouche presse !
Il est là, le pouvoir de guérir tous mes maux !
En ouvrant le cercueil on verrait les saints os !...
Quoi ! l'aurai-je senti si près, touché moi-même,
Sans avoir fait mouvoir sa volonté suprême !
Palper, tenir ce bois, c'était tenir l'Espoir !
Et voici qu'il s'en va !... Non ! tu n'as qu'à vouloir
Pour que mon cœur s'apaise ou que mon mal guérisse !
Bonté ! fais le miracle ! apparais-nous, Justice ! »
Et comme des noyés contre un bateau glissant
Ils brisent sur ce bois leurs ongles tout en sang !

Déjà haute, — la Châsse est trop loin pour la bouche.

Dessous, — un peuple.

— «... Il faut que ma fille la touche ! »

Crie une femme, avec son enfant dans les bras.
« Nous venons de si loin ! nous n'y toucherions pas !
Place à l'enfant ! — Elle est aveugle, ma fillette !
Place, place à l'enfant !... »

— « Ah ! pauvre ! » dit Miette.

Mais non. La Châsse monte. En vain, crispant les doigts
Vers elle, deux cents mains se tendent à la fois...
Et la mère disait : — « Oh ! ma fille, ma fille,
Regarde en haut ! vois-tu quelque chose ?... l'œil brille ?
...Le miracle, ô mon Dieu ! pour moi ! pour mon enfant ? »
Et de rage et d'amour hurlait en étouffant,
Et tous, paralysés, boiteux, muets, la foule,
Tendaient les bras, criaient, poussaient, faisaient la houle,
Tandis que la mignonne, épuisée en efforts,
Pour voir la Châsse — ouvrait en haut — ses grands yeux morts !

Miette alors sentit crever son cœur de femme,
Et, s'oubliant, pria pour l'enfant dans son âme.
Oui, son propre malheur était presque oublié !
Elle élève vers Dieu son cœur plein de pitié.

Et tous guettant en eux un signe du prodige,

Chacun écoute en soi la douleur qui l'afflige :

Dans la cohue, ici, se démène un pied bot ;

Sous les yeux d'une aveugle on agite un flambeau ;

Un prêtre parle bas au sourd-muet qui crie ;

Et cela fait le bruit d'une mer en furie.

Tout à coup, il s'est fait un silence effrayant

Et le sang s'est glacé dans tous les cœurs priant.

Tous les yeux sont en haut, sur l'étroite fenêtre

Où la Châsse arrêtée est près de disparaître.

Viendra-t-il, le miracle ? Et pour qui, s'il a lieu ?

Oh ! terribles moments où l'esprit, touchant Dieu,

Le sent comme la Loi sur le Marbre, — inflexible,

Et qu'au malheur humain l'homme seul est sensible !

La Châsse est disparue, et le volet s'est clos.

Alors, dans un sanglot partent mille sanglots,

Dominés cependant par la clameur des mères !...

Le vent du désespoir, sur ces âmes amères

Se lève! les secoue! et tord aussi la chair!
Et l'Église paraît comme un coin de l'Enfer!

Toussaint tira de là Miette évanouie.

—« L'oncle n'est pas là? »—« Non. » Il l'entraîne; il essuie
Ses yeux noyés, — et dit : « Miette, je comprends
Que vous avez de grands chagrins, très grands, trop grands!
Celui que vous aimez, Mion, n'en est pas digne.
Moi je vous veux. Parlez. Sur un mot, sur un signe,
Vous serez obéie et nous serons heureux.
Vous l'aimez? Je vous veux quand même! Je vous veux,
Puisqu'il ne connaît pas son bonheur. A mon âge
On aime bien et fort; tenez, le bœuf sauvage,
Piqué par l'aiguillon qu'il emporte à son flanc,
C'est moi, piqué d'amour, — et tel, blessé, beuglant,
Je vous emporterai tout de suite vous-même
Où vous voudrez... Mion, tu vois bien que je t'aime!»

— « Assez! dit-elle... C'est un péché d'être fou! »

— « Et nous nous marirons de suite, n'importe où!
Partons sur le bateau, ce soir, demain, ensemble! »

— « Je suis perdue, ô Dieu ! » dit-elle, et sa voix tremble,

Hésitante, au moment de livrer son secret.

Pourtant, parler soulage. Un mot qu'elle dirait

Apaiserait son âme... Et, muette, elle y rêve ;

Dans quel cœur épancher le sien—trop plein,—qui crève?

L'oncle lui ferait peur. Et sa mère ? elle est loin.

Tous deux sont là, rêvant, muets, et sans témoin.

Une procession, lentement, — du village

Sort, et s'en vient chantante, et vient suivre la plage,

Chacun tenant des lis qui se fanent au vent,

Et six braves pêcheurs, qui cheminent devant,

Portent sur leur épaule une barque—où, pour voiles,

Les trois Saintes, en bois sculpté, tendent leurs voiles,

Et le balancement des porteurs fait la mer,

Et tout ce monde, noir sur le fond d'azur clair,

Grandit en s'éloignant,— c'est chose de remarque,—

Par le mirage,— et lis, prêtres, porteurs et barque,

Sous les regards fiévreux de la pauvre Mion,

Tout est démesuré comme une vision !...

Mais le brick, rassurant, au large se balance,

Et près d'elle est ce bon Toussaint, en grand silence.

Tout à coup, il l'embrasse.

—«Ah! dit-elle, arrêtez!.
... Bon Toussaint... Vous avez un monstre à vos côtés!
... J'espérais un miracle, en faisant ce voyage,
Et tantôt... — là Mion se cache le visage, —
... J'ai senti, j'ai compris... — elle baisse la voix, —
A ne pas m'y tromper, pour la première fois...
Que mon péché vivant tressaille dans moi-même!... »

Pâle, Toussaint lui dit simplement : « Je vous aime. »

Ils étaient écartés, à l'ombre d'un moulin
Qui se trouve par là... Les yeux gros, le cœur plein,
Toussaint lui répéta, prenant sa main : « Miette,
Voulez-vous de Toussaint? »

     Elle resta muette.

— « Personne ne saura le malheur. Au besoin,
Nous partirons de suite. On navigue; on va loin:

Quand on revient avec le mari qu'on se donne,
On a l'enfant... cela n'étonnera personne...

Le miracle, il est fait!... je vous épouserai. »

— « Je suis folle... il faudra mourir... J'aime Noré. »

TROISIÈME PARTIE

CHANT VI
LE HÉROS

PRÉLUDE
L'HUMANITÉ

L'HUMANITE

PRÉLUDE

Dites au soleil qui se lève,
A la terre qui tourne autour,
De retarder d'une heure brève
L'heure de la nuit ou du jour.

Dites à la moins haute étoile :
« Descends vers moi; tu m'appartiens! »
Au vent contraire : « Emplis ma voile,
Pour que j'aille au lieu d'où tu viens! »

Dites à la pomme qui tombe :
« Reste à la branche, » ou « Reste en l'air ! »
Dites : « Je veux vivre, » à la tombe,
Ou : « Sois le printemps, » à l'hiver !

Puis, passant de la chose à l'être,
Dites au lion rugissant,
Quand sur la proie il pose en maître
Sa griffe : « Ne bois pas ce sang ! »

Dites au tourtereau fidèle :
« Change d'épouse ! » au rossignol :
« Ne chante plus ! » à l'hirondelle :
« Hirondelle, suspends ton vol ! »

Et tous, lions roux, pommes roses,
Soleil, terre, soir et matin,
L'oiseau, l'étoile, êtres et choses,
Diront : « Nous sommes au destin ! »

Tous, la fatalité les mène,
Et la Vie en cercle, la Loi,
Jamais la Roue, ô race humaine,
Ne se dérangera pour toi !

L'HUMANITÉ.

C'est la Force, et non la Justice
Qui tourne sur l'étrange essieu.
Tendresse, pitié, sacrifice,
Sont verbes inconnus de Dieu !

L'Homme seul, — la vie est étrange ! —
Sur tant d'êtres en lutte entre eux,
Parfois, s'il le veut, se dérange,
Et souffre pour faire un heureux !

Et dans sa misère profonde
C'est par là que le plus obscur,
Juste, — est plus grand que le grand monde
Et plus sublime que l'azur !

CHANT VI

LE HÉROS

Le brick partit la nuit dans un coup de mistral.

Les Saintes-de-la-Mer nous récompensent mal,
Disait Fournier bramant plus haut que la tempête.
Un mouchoir retenait son chapeau sur sa tête,
Et, le porte-voix haut, il commandait dedans,
A pleine voix, mettant son monde sur les dents.
Le brick à son départ portait toute sa toile.
Une à une il fallut ramasser chaque voile

Tandis que l'on plongeait de l'arrière à l'avant,

Et la nuit, et la mer, tout n'était que du vent

Où le bon brick pesait... ce que pèse une plume.

Le flot, fuyant, filait, devancé par l'écume !

L'écume s'en allait en folle, suivant l'air !

Et le bateau suivait, courant après la mer !

Tandis que regardant de toutes ses lumières,

Le ciel plein de frissons clignotait des paupières.

Et Miette ? Elle sort d'un ouragan plus fort

Et, — lasse à désirer mourir, — Miette dort.

Vous qui dormez aussi, braves gens, mais à terre,

Dans la ville où jamais l'homme n'est solitaire,

Dans la maison solide aux volets bien fermés,

Si le vent vous réveille un peu, — vous qui dormez,

Braves gens, sur le chaud duvet et sur la laine, —

Donnez une pensée aux matelots en peine

Qui vont chercher pour vous la laine et le duvet,

Gens qui rêvez si bien sur un tiède chevet.

Songez que leur lit bouge, et qu'ils n'y restent guère,

Que l'eau, l'air et le feu, leur font la grande guerre,

Et qu'à l'heure où le vent qui se plaint au dehors

Vous fait sentir le prix d'avoir chaud dans vos corps,

Les gabiers, — dans ce vent, — sous la nue ou l'étoile,

En danger de périr, vont serrer une voile!

A cheval, pieds croisés sur la vergue, — ou debout,

Le roulis les secoue en criant, — coup sur coup!

Qu'ils tombent sur le pont ou dans les grandes ondes,

C'est le départ certain sous les vagues profondes...

Mais ils ont un devoir, ils le font! — Hurlez, flots!

... Bonnes gens à l'abri, pensez aux matelots!

Toussaint, François, tous deux donnent aide aux manœuvres.

Les cordes en vibrant sifflent comme couleuvres.

Pareil à l'araignée accrochée à son fil,

L'homme qui prend un ris là-haut, — est en péril,

Mais plus haut, recevant la plus rude secousse,

Sur le petit hunier, qui chante? — c'est le mousse!

C'est l'enfant du navire! on dirait un oiseau...

Il a chanté, l'enfant!... La hune est un berceau.

Sur le pont balayé par la mer qu'il embarque,

Fournier, plus vite et mieux obéi qu'un monarque,

S'adossant au grand mât, de sa plus grosse voix
Gronde : « A prendre trois ris au petit hunier, trois ! »
Et tel, n'ayant en plus qu'un seul foc, le brick file,
D'un trait, jusqu'aux Salins d'Hyères, derrière l'île
De Porquerolles. — Là, le lendemain au soir,
Quand Miette prit terre aux Salins : — « Au revoir, »
Dit Toussaint. — « Non, adieu ! fit Miette à voix basse ;
Morte ou vive, je veux en finir ! Je suis lasse ! »

— « Quelle nouvelle ici ? » dit-elle à la maison.
— « Jacque va marier son fils : il a raison,
Dit la mère ; son gueux de Noré n'est pas sage.
A des coqs de sa sorte il faut le mariage...
C'est Norine Toucas qu'il épouse. Il fait bien. »

Son père étant présent, Miette ne dit rien.

Or, que pense Noré ? Qu'il lui faut une fille
Qui, faite à son goût, plaise encore à sa famille ;
Que ce sera le mieux, puis qu'enfin il est temps
De faire un choix parmi ses amours de vingt ans...
Chacun sait qu'un garçon n'a, la bêtise faite,

Qu'à tourner simplement son chapeau sur sa tête.

Tant pis pour l'amoureuse. Elle devait savoir

Qu'écouter le garçon n'était pas son devoir!

… Cette Mion, — c'est vrai pourtant qu'elle est jolie,

Mais tant d'autres le sont, qu'on aime,—et qu'on oublie!

Il faut dire d'ailleurs que Noré ne sait pas

Ce que Mion se dit à peine encor, tout bas!

De sorte qu'étant bon, pas du tout méchant homme,

Mais pas du tout, Noré se conduit mal en somme.

Bast! il n'est pas le seul et ce n'est pas d'hier

Que le galant d'un jour est oublieux et fier

Et tant que l'on verra des nids dans les ramilles,

Tant que le mois de mai conseillera les filles,

Tant que les beaux garçons auront un cœur vivant,

Je vous dis que l'histoire arrivera souvent!

Le lendemain matin, trouvant seule sa mère,

Miette, le regard fiévreux, la bouche amère,

Ouvrant des yeux cerclés qui n'avaient pas dormi :

— « Savez-vous que j'avais Noré pour bon ami? »

Lui dit-elle; Toinon balayait par la chambre.

— « Hélas! je m'en doutais, surtout depuis décembre,

Dit la mère. Tu fis trop vite ton retour.
Ma belle, c'est pénible à mâcher, dis, l'amour :
Fleur d'épines, voilà son nom, ma fille chère ! »

Et Toinon regardant Miette fit : « Pechère ! »

Miette était debout. — « Voici ce que je veux, »
Dit-elle fortement, d'un son de voix nerveux,
« Vous irez voir Noré, son père, sa famille,
Et vous direz : Je viens demander pour ma fille
Honoré, fils de Jacque André ; consentez-vous ?... »

Misé Toinon sourit tristement, d'un air doux,
Et balayant toujours : « Tu dis des choses folles !
Fais donc attention, petite, à tes paroles !
La mode est autrement : c'est toujours le garçon
Qui demande ! — Il faudra te faire une raison. »

—« C'est toujours le garçon, ma mère ? »

—« Eh oui, ma belle,
A moins... » Pourquoi Misé Toinon souriait-elle,

Immobile, debout, le balai dans sa main? —
« A moins qu'un innocent soit, dit-elle, en chemin ! »

Son sourire disait, comme toute sa pose,
A quel point sa pensée était loin de la chose.

Or, Miette : — « Il en est ainsi pour nous, maman. »

Misé Toinon resta sur place un long moment,
Droite, comme gelée, avec son bon sourire,
Puis, — le balai tombant de ses mains, — sans rien dire
S'assit, et toutes deux plaignant l'autre à son tour,
Leur tablier aux yeux, — pleurèrent tout le jour.

Vers le soir :... « Je m'en vais leur parler; voici l'heure.
Ils vont rentrer souper; vois-tu, d'abord on pleure,
Puis on fait ce qu'il faut. — Pour ton père, aujourd'hui
Il dînait au travail; s'il rentre soûl, — dis-lui
De se coucher ! s'il veut manger, la soupe est prête.
Va, courage. Ils n'y sont pas encore à leur fête ! »

Toinon partit, lissant ses cheveux de la main,
(Qui sortaient de la coiffe), et parlant en chemin

Tout haut pour préparer ce qu'elle avait à dire ;
Et les passants : « Toinon devient folle ! » Et de rire.

C'est la vie. Un quelqu'un souffre ; on rit, sans savoir.
Mais Toinon s'en allait, l'œil fixe, sans rien voir.

Noré n'est pas chez lui ; le travail le retarde.
En suivant sa pensée, il bêche, et par mégarde
Il laisse le soleil descendre à l'horizon,
Sans songer que la soupe attend à la maison.
Et voici ce qu'il roule en lui, grave de mine
Comme un bœuf qui laboure, et s'arrête, et rumine :

« De sûr, cette Miette est une brave enfant ;
Mais d'y songer encor, la raison le défend,
A cause de son père, un vrai gueux, un ivrogne,
Bon à rien, de qui boire est la grande besogne !
— Il a voulu frapper mon père un jour, ce gueux !
Maintenant c'est fini ! La colère est entre eux.
… Un beau-père pareil, ce serait bien folie !
C'est dommage ! — Miette est si brave, et jolie !
Et puis, là-bas je l'ai rencontrée en secret !

Voilà pourquoi, ce mariage, il le faudrait !

Si je pense à Mion souvent, voilà la cause !

... Je suis trop bon ! Un autre eût fait la même chose !

Et je dois l'oublier — pour cela justement !...

... Aï ! pauvre moi ! c'est un mauvais raisonnement !

... Au fond, je l'aime un peu, je crois, cette petite,

Et, dans mon cœur, entr'elle et Norine — j'hésite !

... Non, je n'hésite pas !... Miette me plaît mieux !

Mais mon père commande. Il a raison, le vieux,

De ne pas me vouloir l'ivrogne pour beau-père.

Il a sué son bien assez longtemps, j'espère !

Il l'a gagné trente ans aux sueurs de son front.

Il peut bien commander à ses fils — qui l'auront !... »

Rêvant ainsi, Noré pioche, — et parfois s'arrête

Lorsqu'il entend venir ce bruit sourd de tempête

Que l'approche d'un train répand dans les échos.

Sur sa pioche appuyé, sans relever le dos,

Le paysan alors suit, d'un œil plein de songe,

La file des maisons roulantes, qui s'allonge,

Se tord, et tous les jours il voit, toujours surpris,

Sous les vitres, ce nom étinceler : PARIS.

Et le paysan rêve alors au grand village ;

Il se tourne. — Les rails luisent comme un sillage ;

Le trait d'or du couchant les suit, horizontal,

Et le train, dans un bruit de flamme et de métal,

Lancé vers l'occident, vers Paris, la Merveille,

Obscur sur la splendeur jaune, bleue et vermeille

Du soleil que déjà l'horizon cache un peu,

S'engouffre, tout fumant, dans cette arche de feu !

Et cette vision superbe et singulière,

C'est Paris même, bruit, travail, gloire et lumière !

« Que la grand'ville est loin ! fait Noré ; mais, dit-il,

Elle est pourtant au bout de ces fers, de ce fil !

En les suivant, j'irais ! — Qu'elle doit être grande !

Tout l esprit va là-bas. C'est elle qui commande. »

Puis, avec son travail, Noré reprend aussi

Sa première pensée, et revient à ceci :

« Qu'Antoine n'est qu'un gueux, et de la pire espèce ;

Que son père déteste avant tout la paresse,

Et ne plaisante point sur ce chapitre-là.

Et la meilleure preuve est d'hier. Jugez-la :

Hier, le vieux, courbé vers la terre trop basse,

Comme il dit, travaillait, piochant, seul. — Un gueux passe.

Un mendiant, un jeune, et sain de tout son corps !

— « Donnez-moi quelque chose ! » Il avait les bras forts...

— « Comment ? » lui fait le vieux qui, du coup, se redresse !

— « Donnez-moi quelque chose ! » — « O mangeur de paresse !

Crie indigné le vieux qui met en l'air la main

Et, d'un soufflet, l'envoie au mitan du chemin !

« O voleur ! fainéant ! Mendiant ! — A ton âge,

Oses-tu, malheureux ! n'avoir point de courage !

Engage-toi soldat, comme a fait mon aîné !

Va servir ton pays ! — Ce que je t'ai donné

Mettra ce que j'ai dit dans ta bonne mémoire !

A présent, si tu veux ce soir manger et boire,

Empoigne cette pioche, et travaille avec moi ! »

Le gueux fit en pleurant sa journée, et, ma foi,

Le soir, il a mangé la soupe à notre table...

Je vous dis que mon père est un vieux respectable.

Ce qu'il veut, il le veut, et c'est sagesse. Ainsi,

Faisant sa volonté, je serai sans souci.

Ma résolution de ce moment est prise,

Et rien ne m'en fera changer, quoi qu'on me dise.

Voilà. Je suis têtu, des fois, comme un mulet.
... Je ne changerai plus, — même s'il le voulait ! »

Noré pioche, enterrant ses jambes bien guêtrées.

C'est pourtant l'heure où gens et bêtes sont rentrées.

A sa maison, André, dans la salle d'en bas,
En place pour la soupe, espérant le repas
Patiemment, — ayant à son côté la table,
Où pose ce vieux bras encore respectable,
Une main sur la cuisse, — appuie au mur son dos,
Et, calme, il a croisé ses jambes au repos.

La mère, — elle a tantôt les nonante ans, la vieille, —
Assise dans un coin, coiffe couvrant l'oreille,
L'œil inquiet, — elle est sourde, mais elle y voit, —
File et de temps en temps elle se mouille un doigt.
Le fuseau fait zù zù, la marmite bourdonne,
Le balancier fait tac, tic tac, puis l'heure sonne.
La mère pour veiller la soupe sur le feu
Se baisse à chaque instant en se plaignant un peu,

Pousse sous le trépied le sarment et regarde
L'horloge dans sa gaine et pense : Comme il tarde!

Flambeau, sur son derrière assis, plein de souci,
Regarde le feu clair de loin, la soupe aussi,
Quelquefois le fusil aux poutres de la salle,
Puis, par la porte ouverte, au loin, le soir tout pâle,
Les vignes et les blés, les pins sur les coteaux,
Le grand ciel, et la mer où passent des bateaux.

Et tout à coup Flambeau grondant lève la tête.

— « Ce n'est donc pas encor Noré? qu'y a-t-il, bête? »
Dit la mère. Il jappa. C'était Misé Toinon.

— « Tiens, ce n'était pas vous que l'on attendait, non.
Qu'y a-t-il à cette heure et pour votre service? »

— « C'est qu'il fallait, ce soir même, que je vous visse,
Dit Toinon. Il s'agit de ma fille Mion
Et de Noré. »

— « Vraiment! pour quelle question? »

— « Il faut les marier... Un enfant est en route. »

— « Marier! dit la mère, et moi qui vous écoute!
Voyez comme c'est simple! on rit, on fait l'amour,
Puis on choisit parmi ses galants un beau jour,
Et le plus beau garçon, et riche! on le demande,
L'enfant au bras! Allez, votre bêtise est grande! »

— « Et pourtant, dit Toinon doucement, il le faut. »

Jacque, — toujours assis, — ne soufflait pas un mot.

La vieille regardait en filant, sans comprendre.

La mère de Noré, qui n'avait pas l'air tendre,
Se courbait pour virer sa soupe sur le feu,
Disant : « Vous êtes fous! je vous demande un peu!
Si c'est possible! un fils comme Noré! si sage!
Quand son père décide un autre mariage!
... L'enfant n'est pas de lui, de sûr! rien n'est plus sûr!
...C'est un agneau, mon fils! tant brave! un cœur si pur!
Je croirais qu'il a pu rire un peu, — la jeunesse, —
Mais il n'a pas fait, non, des traits de cette espèce...

Puis, sans méchanceté, Mion n'a pas le sou !
Pour s'être engagé là, mon garçon serait fou ! »

—« Cependant, dit Toinon, il faut bien qu'il la prenne. »

Misé Jacque contint sa colère avec peine :
— « Ce que vous nous contez c'est faux ! Mon beau petit,
Mon enfant, est plus franc que l'or ! il l'aurait dit ! »

Noré dans ce moment apparut sur la porte.

—« Viens, mon beau ! viens, mon fils ! Des choses de la sorte,
Peut-on dire ! — Norine et lui sont fiancés !
Écoute, mon garçon... »

              Mais Jacque : « Femme, — assez !
... Le père de l'enfant de Miette, mon brave,
Est-ce toi ? » — Jacque dit ces mots de son air grave.

Noré, surpris du coup, fit : « Peut-être que oui ! »
Aï ! que m'arrive-t-il, ajouta-t-il dans lui.
Je n'avais pas songé de ma vie à la chose !
C'est possible ! — Il restait toujours la bouche close ;

Il pensait de l'esprit, non du cœur, se disant :
« Je me suis engagé pour Norine à présent !
Ce mariage-là, mon père le conseille !
Qui m'aurait dit tantôt une chose pareille !
Mais Mion, suis-je sûr d'elle ?... On n'est jamais sûr !

Il débouclait sa guêtre, un pied haut sur le mur.

— « Tu seras marié dans huit jours, dit le père.
... A qui ? »

        — « Mais, dit le fils, à Norine ; j'espère ! »

Il parlait en enfant, sans aller jusqu'au fond
De son cœur...— C'est ainsi que les crimes se font !—
Au fond de tous les cœurs dort la pitié sublime.
Faute de voir en lui, Noré marchait au crime.

— « Qu'y a-t-il donc ? » dit la grand'mère se troublant,
Car Maître Jacque André, debout, devenu blanc,
Criait :

      « Si c'est ainsi,— homme de peu !—qu'on sorte ! »

Il étendait son bras d'hercule vers la porte.

«Ah! nous faisons l'amour comme un chien! en jouant,
Garçon! — dehors, vaurien! au soleil, fainéant!
Comme un chien, à la rue, au grand air! sors, carogne!
Il n'est pas mien, celui qui fait telle besogne!
Va dehors, coq de rue et douleur de maison!
Va-t'en, si tu n'as rien à dire pour raison!
Zou! sors, beau mendiant!...tu n'as plus de famille!...
Nous n'avons plus de fils!... nous n'avons qu'une fille :
C'est la vôtre, Misé Toinon, dites-le-lui.
Qu'elle vienne demain,... qu'elle vienne aujourd'hui,
Qu'elle vienne, l'enfant, sans rien, sans une harde,
Telle qu'elle est! la pauvre est à moi! je la garde!
Va-t'en donc, toi, vaurien! je ne veux plus te voir!»

Et la mère murmure : « Oh! Jacque, pas ce soir! »
En regardant le père irrité, d'un œil triste.

Sous l'injure, Noré s'endurcit et résiste.

Il marche vers la porte,... où Mion se fait voir.
Elle a suivi de loin sa mère, pour savoir.

Elle paraît, du bras appuyée à la porte,
Sa tête sur le bras, — debout, mais demi-morte,
Pâle, mais sans pleurer, car on manque de pleurs...

Et le gars au milieu de toutes ces douleurs,
Car sa grand'mère aussi pleurait, la pauvre femme,
Sans comprendre, et Toinon pleurait à fendre l'âme,
Et sa mère pleurait à sanglots dans un coin,
Sentit aussi des pleurs venir en lui — de loin,
Devint homme, — comprit enfin comment on aime,
Sentit l'amour, le vrai, se répandre en lui-même,
Et, le cœur tout changé, s'adressant à la fois
Aux quatre femmes, dit, — des pitiés dans la voix, —
Tout pâle, tout baigné dans les larmes amères,
En regardant Mion :

    — « Consolez-vous, les mères ! »

Mais le bon chien Flambeau, bien avant ce mot-là,
Le regardait d'un air de lui dire : prends-la !

Maître Jacque attablé se remettait du trouble,
Et, de peur de pleurer, piquait le morceau double.

TROISIÈME PARTIE

CHANT VII

FIN

PRÉLUDE

LE GLAND DU CHÊNE

LE GLAND DU CHÊNE

PRÉLUDE

C'est la vie : on entre, l'on sort ;
Le bon moment — c'est lorsqu'on aime...
L'enfant est né ; le vieux est mort ;
Sonnez le glas et le baptême !

Comme il est joli, le berceau,
Rideaux blancs, couvertures blanches !...
Il est doux comme un nid d'oiseau
Qui se balance dans les branches.

Comme il est noir, le trou profond
Où l'on va coucher le grand-père !...
Mais les grains pourris lèveront...
Quand on sait cela, l'on espère.

Do ! do ! dors, mon joli petit !
... Seras-tu capitaine ou prêtre ?
— Paysan ! grand-père l'a dit !
Dans ton bien tu seras ton maître...

Do ! do ! — dormez, bon père-grand !
Mais voyez-vous l'enfant en rêve ?
Il sait déjà lire, il apprend...
Le petit arbrisseau s'élève.

On mit un gland dans un tombeau.
Vingt ans après j'y vis un chêne
Où se berçait un nid d'oiseau
Qui chantait comme une âme humaine.

CHANT VII

FIN

Fâché, l'oncle François dit : « Je la déshérite !
Je l'aimais cependant beaucoup, cette petite ! »

Mais vers ce temps les Brun, réparant le Campas,
Où Finon habitait, — sous des fagots en tas
Trouvèrent, dans un coin du nid de la sorcière,
Un écrit qui faisait Mion son héritière,
Indiquant un trésor qu'elle avait sou par sou
Ramassé, puis caché le papier disait où...

—«... Nous n'avons pas besoin de cet argent du diable!»

Dit François que ce trait rendit plus pitoyable

Et qui revit sa nièce et lui dit : « Ton Noré

A du bon. Je comprends qu'un jour je l'aimerai.

Pour ton beau-père, c'est un brave homme, ma nièce!

Dans la marine on est beaucoup de son espèce.

Et vienne le petit!... j'entends le mettre à flot...

Et d'abord — s'il m'écoute — il sera matelot! »

Le mariage eut lieu sans tambour ni trompette,

Entre proches parents, comme voulut Miette.

Mais quelque temps après, lorsque l'enfant venu,

Le petit Noël, frais et rose, demi-nu,

Mordillait son pied blanc de sa bouche mignonne :

« Il faut pourtant fêter ce citoyen, ma bonne! »

Dit un matin François... « O mon joli mignon,

Je veux, mon beau Noël, payer ton réveillon !

... Il a compris, le joli mousse! il rit aux anges! »

On fut cent invités à la fête, — aux vendanges.

Repas, rires, chansons, un branle-bas royal!

Sur l'aire, chez André, fut arrangé le bal.

Autour, des arcs fleuris formaient la salle verte

De pavillons marins et de voiles couverte.

Tout en dansant, l'on voit sous le vert des arceaux

La campagne, — et la mer chantante aux grandes eaux.

Au bout du grand cyprès de Jacque, l'on arrime

Le mât du batelet, qui dépasse la cime,

Et parmi les chansons et les cris — tout à coup

François hissa les trois couleurs jusqu'au fin bout,

Disant qu'aux jours de joie et de réjouissance

Tous les bateaux français sont aux couleurs de France !

Et les deux, trois repas ! O mes amis de Dieu !

Quelle flammade ! Et quels rôtis devant le feu !

Bœuf et mouton ! lapins, lièvres, perdreaux, volailles,

Poules, canards, dindons !... on creva deux futailles

De vin nouveau. — Des gens, par le bruit attirés,

Eurent leur large part de tout ! — Raisins dorés,

Poires, pommes, veux-tu des fruits ? tu n'as qu'à prendre !

Des pauvres qui passaient mangeaient. — « J'ai le cœur tendre,

Quand je bois ! » avouait Antoine ; — mais François :
« Je serai toujours là désormais quand tu bois !
... Je rationnerai l'équipage, beau-frère ! »

A minuit on dansait encor là-haut sur l'aire.

Là, sous la claire nuit, tous les jeunes, — joyeux,
Les couples enlacés, tous l'amour dans les yeux,
Oubliant la leçon du malheur de Miette,
Ardents, — la main parlante et la bouche muette,
Tournaient, étourdissant leurs cœurs et leurs esprits,
Tournaient, tournaient, — et des baisers, d'abord surpris,
Étaient rendus, repris !... Plus d'un couple, comme ivre,
Se mourait, — confondant ses lèvres, — de trop vivre,
Et tous, se rapprochant à se troubler d'amour,
Au son des tambourins dansèrent jusqu'au jour !

Le bruit du bal montait dans l'espace, en fusées.
Les collines dormaient, par un vent doux — baisées.

Et Miette, animée et fraîche, heureuse à voir,
S'écriait : « J'ai mangé le premier mon pain noir ! »

Et ses yeux reluisaient comme une eau qui pétille,
La femme retrouvait son beau rire de fille.

Et tandis qu'agités les danseurs alentour
Prenaient le feu du sang pour le rayon d'amour,
Calme, — Noré, penché près de Miette assise,
Sur le rebord de l'aire, aux tiédeurs de la brise,
Heureux et parlant bas dans la joie et le bruit,
Murmurait : « Je comprends, — surtout de cette nuit, —
Miette ! — j'étais fou comme un poulain sauvage ;
Et tu m'as pardonné ! — C'était le feu de l'âge !
J'étais comme un oiseau qui ne sait rien de rien,
Plus bête que ton âne et moins bon que mon chien !
Maintenant, j'ai compris et je t'aime, — belle âme ! »
De sa bouche, il cherchait le baiser de sa femme.

... Un galoubet vibrant par là, fit sonner clair,
Au-dessus du bourdon d'un tambourin, cet air —
Bien connu — que Mion disait hier encore,
Et Noré chantait bas en suivant l'air sonore :

— « Si tu te fais l'étoile,
Moi, le nuage aux cieux,

Je flotte comme un voile
Sur ta bouche et tes yeux ! »

Et Miette, plus haut, le cœur plein, tout troublé,
Répondit en chantant sous le ciel étoilé :

— « Ton aubade me touche.
Je veux ce que tu veux...
Tiens donc, baise ma bouche,
Et sois mon amoureux ! »

— « Oui, ma belle Miette ! et pour toute la vie ! »

Dans un coin, les jaloux, la lâcheté, l'envie,
Murmuraient bien des mots... mais perdus dans ce bruit
Qui faisait fuir au loin tous les oiseaux de nuit !

Et Toussaint ?

Sur un point perdu des grandes ondes,
Toussaint vogue,—agitant des douleurs plus profondes
Que la mer, et la mer berce ses longs chagrins,
Car elle est parfois bonne à ses fils les marins.

En regardant la mer, pense à Toussaint, Miette!

Tels ils sont, nos marins : l'âme forte et muette ;
Prêts quand il faut. — Hier, tu les as vus, Paris,
Marcher silencieux dans la guerre aux grands cris!
Souviens-toi du Bourget! qu'ils tombaient sans rien dire!
Et qu'ils t'ont bien servie, ô Cité du Navire!

C'est la mer qui les fait ce qu'ils sont : des héros!
Héros quotidiens, sans témoins, sans repos,
Laissant frapper le vent et la vague en colère,
Pour faire exactement ce qu'ils ont à bien faire!
Courage sans fureur, lutte avec l'élément
Où l'homme doit parer les coups, uniquement!
...O toi, Guerre où se tuent les hommes fils des femmes,
Guerre à face imbécile, à passions infâmes,
Que viens-tu nous parler de gloire! que dis-tu
D'un péril nécessaire à former la vertu!
Vois l'obscur porion habiter dans les mines,
Vois ces mille ouvriers mordus par leurs machines,
Vois le couvreur, les bras ouverts, tomber du toit,
Et dis si nous avons, — Guerre, — besoin de toi,

Lorsque tant de métiers enseignent le courage,
Et quand le mousse enfin, sur la mer qui fait rage,
Apprend d'elle la force, et comment se défend
Contre la force aveugle — un esprit, même enfant!

Adieu, Toussaint. — Qu'un vent heureux souffle et te pousse!
Ta barque est bonne! et puis, j'y vois chanter le mousse!
Va, le temps changera... tu changeras d'amour...
Quelque jour une épouse attendra ton retour.

Et toi, Miette, adieu, ma douce, ma belle âme!
Ma fille qui pleurais, sois bien heureuse — femme!
Tu vas donc me quitter, souci qui m'étais cher,
O ma pensée, ô toi, le plus pur de ma chair!

Adieu, Noré! L'amour a troublé ta jeunesse,
L'amour, le grand malin des malins qu'on connaisse...
Un peu plus, mon vaillant garçon, tu t'y trompais!
...Maintenant, c'est l'amour qui met ton cœur en paix.

Adieu tous. — Adieu, toi, Finon, la pauvre vieille,
Toi qui fus bonne un jour, repose en paix, sommeille, —

O victime d'aimer, — toi qui fus bonne un jour, —
Dans un lit de repos plus profond que l'amour.

Adieu tous, compagnons de mes belles années,
Quittez ma vie! — adieu, mes figures aimées!
... Toi, maître Jacque André, — donne ta main, grand vieux!
O mes amis, vous tous! je vous fais mes adieux!

Un soir, — André, plus bas voûté que d'habitude,
Rentra disant : « Le coup de pioche devient rude.
Le travail m'a blessé. Je suis mûr. C'est la fin.
La terre appelle. L'herbe au cimetière a faim ;
Il n'y a pas un an ma pauvre mère est morte ;
La vieille en s'en allant n'a pas fermé la porte :
Elle me veut! j'irai dans quelques jours d'ici. »

A quelques jours de là, Jacque André dit : « Voici.
Je sens l'heure. » Il était sur le vieux banc de pierre,
Près du seuil. — On voyait de là le cimetière,

Au flanc du vert coteau blanchir sous le soleil.

L'enfant dans le berceau dormait son frais sommeil.

Jacque le regarda. — « Noré, dit-il, mon brave,

Le bien du comte, là, dans le nôtre s'enclave ;

Il faudra marchander ce morceau-là, souvent.

Tu l'auras à la fin ! »

     Et puis, se soulevant :
— « Tiens regarde là-bas... » Son doigt tendu désigne

Un champ de blé... « Là-bas, tu mettras de la vigne !

Chacun dit qu'elle meurt ? N'importe, plantes-en ! »

Puis, tourné vers Noël : « Toi, — reste paysan ! »

L'oncle François hocha la tête sans rien dire.

On voyait sur la mer tout le soleil reluire,

Et midi s'approchait, — l'heure du fort repas.

Jacque dit : « Ce matin, je ne dînerai pas. »

Quand ils eurent dîné, Jacque, — assis à sa porte, —

Appuyait sur son bras plié — sa tête morte.

— « Ah ! dit François, — voilà la mort que je voudrais ! »

On coupa — comme deuil — la tête du cyprès,

Et les passants de loin, longtemps, à voir ce signe,

Parleront du grand vieux qui croyait à la Vigne!

Par les sentiers rocheux et gris, fleuris et verts,

Dans les chênes, les pins, — par les sentiers déserts

Qui montent enroulés au flanc de la colline,

Quand se lève l'aurore ou quand le jour décline,

Je rencontre souvent un petit écolier

Qui, du plus loin, me fait son rire familier;

Blouse bleue, œil luisant d'une lumière noire.

Ses livres ficelés, tachés par l'écritoire,

L'Histoire des Français, la Grammaire, — gaîment

Battent sur son échine au moindre mouvement.

Et moi: « Sais-tu ta fable? — Oui, dit-il. — Fais voir comme! »

Et l'enfant brun me tend les fables du Bonhomme,

Car je ne sais pas tout, du grand livre français.

Et l'enfant dit les vers… « C'est bien, c'est bien, tu sais. »

Sa fraîche voix se mêle au grand bruit de la grève...
Des vers dans une voix d'enfant, c'est comme un rêve
Où chantent l'Avenir et l'Espoir éternel !

— « Et quand tu seras grand, que feras-tu, Noël? »
... Pour voir s'il répondra toujours comme j'espère...
— « Paysan ! répond-il toujours,—comme grand-père ! »

Et ses parents ? — je crois leur bonheur assuré,
Car je connais Miette, — et je connais Noré.

———

JACQUES-LAURIER. *La Garde-près-Toulon*, 20 *décembre* 1379.

TABLE

TABLE

	Pages.
DÉDICACE. — A PARIS............	1
INVOCATION........	7

PREMIÈRE PARTIE

CHANT Ier. — LE BATTOIR.
    PRÉLUDE. *Les Ruisseaux*........ 13

CHANT II. — LA SORCIÈRE.
    PRÉLUDE. *L'Ensorcelée*............ 31

CHANT III. — PREMIER REGRET.
    PRÉLUDE. *Les Oratoires*........ 45

CHANT IV. — LA SAINT-ÉLOY.
    PRÉLUDE. *Le Tambourin*........ 59

CHANT V. — MAÎTRE PIERRE JACQUE ANDRÉ.
    PRÉLUDE. *Les Paysans*..... 73

CHANT VI. — LA MOISSON.
    PRÉLUDE. *Les Oullières*.................................... 89

CHANT VII. — LA FARANDOLE.
    PRÉLUDE. *Le Cri de Provence*............................ 107

DEUXIÈME PARTIE

CHANT Ier. — LE MUSEAU DE VENDANGE.
    PRÉLUDE. *La Vigne*....................................... 123

CHANT II. — LES PRESSOIRS.
    PRÉLUDE. *Le Pressoir*.................................... 139

CHANT III. — EN CHEMIN.
    PRÉLUDE. *Le Semeur*..................................... 153

CHANT IV. — LA VERNE.
    PRÉLUDE. *L'Herbe d'amour*............................... 169

CHANT V. — LE FOULARD ROUGE.
    PRÉLUDE. *Le Cœur au vent*............................... 187

CHANT VI. — DES CHATAIGNIERS AU MOULIN D'HUILE.
    PRÉLUDE. *Fruits d'hiver*.................................. 203

CHANT VII. — LA VIEILLE MASQUE.
    — PRÉLUDE. *La Belle au miroir*........................... 223

TROISIÈME PARTIE

CHANT Ier. — UN RETOUR.
    PRÉLUDE. *Les Chants du Peuple*.......................... 241

TABLE.

CHANT II. — HISTOIRE DE RIRE.

    PRÉLUDE. *La Parole*.................................. 259

CHANT III. — LA CÔTE.

    PRÉLUDE. *Les Villes*.................................. 289

CHANT IV. — LA CAMARGUE.

    PRÉLUDE. *Le Rhône*.................................. 309

CHANT V. — LES SAINTES-MARIES-DE-LA-MER.

    PRÉLUDE. *De Profundis*.............................. 335

CHANT VI. — LE HÉROS.

    PRÉLUDE. *L'Humanité*............................... 361

CHANT VII. — FIN.

    — PRÉLUDE. *Le Gland du chêne*...................... 385

FIN DE LA TABLE.

Paris. — Imp. E. CAPIOMONT et V. RENAULT, rue des Poitevins, 6.

BIBLIOTHÈQUE CHARPENTIER

13, RUE DE GRENELLE-SAINT-GERMAIN, 13, PARIS

à **3 fr. 50** le volume

(EXTRAIT DU CATALOGUE)

ÉMILE BERGERAT
THÉOPHILE GAUTIER

BIOGRAPHIE — ENTRETIENS — SOUVENIRS — CORRESPONDANCE

Avec une préface de M. EDMOND de GONCOURT, et une eau-forte de Félix Bracquemond

Un volume. — *Deuxième édition.*

AMAURY DUVAL
L'ATELIER D'INGRES

Une séance à l'Institut. — Première visite au maître. — Ouverture de l'atelier. — Madame Ingres. — L'Atelier des élèves. — L'Atelier du maître. — L'École des Beaux-Arts. — Le Plafond d'Homère. — Départ pour l'Italie. — Impressions de voyage. — Rome et l'Académie. — M. Ingres à Rome. — De Rome à Naples. — Pompéi et l'art antique. — La vie à Florence. — Maître et élèves. — Le Jury des Beaux-Arts. — Etc., etc.

Un volume.

FERDINAND FABRE
LE ROMAN D'UN PEINTRE

Un volume. — *Deuxième édition.*

EDMOND ET JULES DE GONCOURT
GAVARNI
L'HOMME ET L'ŒUVRE

D'APRÈS LES PAPIERS ET LES MÉMOIRES INÉDITS DE L'ARTISTE

Un volume.

Paris. — Imp. E. CAPIOMONT et V. RENAULT, rue des Poitevins, 6.

www.ingramcontent.com/pod-product-compliance
Lightning Source LLC
Chambersburg PA
CBHW071904230426
43671CB00010B/1465